D1728159

Christian Mieke
Michael Nagel

Produktion und Logistik

Christian Mieke
Michael Nagel

PRODUKTION UND LOGISTIK

Die wichtigsten Methoden

2., bearbeitete Auflage

UVK Verlagsgesellschaft mbH
Konstanz und München

Prof. Dr.-Ing. habil. Christian Mieke ist Inhaber der Professur ABWL, insbesondere Innovationsmanagement im Fachbereich Wirtschaft der Technischen Hochschule Brandenburg.

Prof. Dr. phil. Michael Nagel, MBA, ist Professor in der Fakultät Wirtschaft an der Dualen Hochschule Baden-Württemberg in Stuttgart (DHBW) und Leiter des Studiengangs BWL-International Business.

OEU

6.4

Bibliografische Information der Deutschen Bibliothek
Die Deutsche Bibliothek verzeichnet diese Publikation in der Deutschen Nationalbibliografie; detaillierte bibliografische Daten sind im Internet über <http://dnb.ddb.de> abrufbar.

ISBN 978-3-86764-752-6 (Print)
ISBN 978-3-7398-0208-4 (EPUB)
ISBN 978-3-7398-0209-1 (EPDF)

Einbandgestaltung: Susanne Fuellhaas, Konstanz
Printed in Germany

UVK Verlagsgesellschaft mbH
Schützenstr. 24 · 78462 Konstanz
Tel. 07531-9053-0 · Fax 07531-9053-98
www.uvk.de

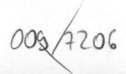

008/7206

Vorwort

Produktion und Logistik stellen zentrale Unternehmensfunktionen in gütererzeugenden Betrieben dar. Während die Produktion den Ort der Leistungserstellung bildet, organisiert die Logistik die Warenströme von Lieferanten ins Unternehmen und von Unternehmen zu Distributionsstätten. Beide Bereiche bestimmen wesentlich den Servicegrad und die Effizienz von Unternehmen. Viele Optimierungsanstrengungen zielen auf sie ab oder gehen von ihnen aus. Hierzu greift man in der Praxis auf Instrumente zurück, die im Mittelpunkt dieses Buches stehen. In ihm werden zentrale und für die Praxis relevante Methoden kurz und knapp vorgestellt, ihre Zielsetzungen beschrieben, die Anwendungsmöglichkeiten verdeutlicht und die umsetzungsbezogenen Grenzen aufgezeigt. Die berücksichtigten Ansätze wurden primär an Hochschulen und in Beratungsgesellschaften geschaffen und in Unternehmen unterschiedlicher Branchen und Größen erprobt. Sie erfuhren Weiterentwicklungen und dürfen als bewährt gelten. Wir bezeichnen die entsprechenden Ansätze nicht als Werkzeuge, Instrumente oder Tools, sondern als *betriebswirtschaftliche Methoden*, da diesen die Idee der Planmäßigkeit und der Problem- und Ergebnisorientierung zugrunde liegt.

Im hier verstandenen Sinne stellen betriebswirtschaftliche Methoden theoretisch fundierte und praktisch erprobte Hilfsmittel dar, die zur Lösung eines in der unternehmerischen Praxis auftretenden leistungswirtschaftlichen Problems beitragen.

Die hier versammelten Methoden haben wir unserem im UTB-Verlag erschienenen Buch *BWL-Methoden: Handbuch für Studium und Praxis* entnommen und für diese Reihe ergänzt. Das umfangreiche Handbuch bündelt etablierte betriebswirtschaftliche Methoden aus den Bereichen Forschung, Entwicklung, Innovationsmanagement, Beschaffung, Logistik, Produktion, Strategie, Organisation und Kontrolle sowie Marketing und Vertrieb. Der vorliegende, themenspezifische Band wurde erstellt, um auf Produktion und Logistik spezialisierten Mitarbeitern eine pragmatische Möglichkeit des Zugriffs auf bewährte Methoden zu bieten. Wir hoffen, dass wir diesem Anspruch gerecht werden, damit Sie – liebe Leserinnen und Leser – von den Ausführungen profitieren und den in der unternehmerischen Praxis angestrebten Nutzen erzielen können. In diesem Sinne wünschen wir Ihnen viel Erfolg beim Gebrauch des Buches. Herrn Dr. Jürgen Schechler vom UVK-Verlag danken wir recht herzlich für seine Begleitung und Unterstützung unseres Vorhabens, betriebswirtschaftliche Methoden bekannt und für die Anwendung und Umsetzung verständlich zu machen.

Brandenburg a.d.H./Stuttgart, im März 2017

Christian Mieke & Michael Nagel

Inhaltsverzeichnis

1 Beschaffung und Logistik

Beschaffung und Logistik sind betriebliche Funktionen, die anders als die Produktion nicht als originär wertschöpfend gelten. Sie ermöglichen jedoch durch ihr Wirken erst effektive und effiziente Wertschöpfungsprozesse. Die alte Kaufmannsweisheit „im Einkauf liegt der Gewinn" erhält angesichts sinkender Wertschöpfungstiefen in zahlreichen Branchen zunehmende Bedeutung.[1] Metatrends wie Individualisierung, Globalisierung und Innovationswettbewerb haben zu verstärkter Professionalisierung der Einkaufsaktivitäten und zur Perspektivenerweiterung geführt. Die Unternehmensfunktionen *Beschaffung* oder *Einkauf* organisieren die Versorgung des Unternehmens mit Objekten, die das Unternehmen nicht selbst erzeugt.[2] Im weitesten Sinne kann auch die Beschaffung von Mitarbeitern und Kapital dazu gerechnet werden, wenngleich üblicherweise die Versorgung mit Produktionsmaterial – also mit Rohstoffen, Hilfsstoffen und Vorprodukten – als Kernaufgabe der betrieblichen Beschaffung gesehen wird. Ergänzend fallen sowohl Investitionsgüter wie Maschinen und Anlagen als auch Betriebsstoffe und produktionsnahe Dienstleistungen sowie Rechte in den Aufgabenbereich.

Die Unternehmensfunktion *Logistik* befasst sich mit der Planung, Steuerung und Überwachung der Material-, Personen-, Energie- und Informationsflüsse in Systemen.[3] Als Systeme werden Werkhallen und Unternehmen, aber auch ganze Lieferketten verstanden. Das Hauptaugenmerk dürfte bei produzierenden Unternehmen auch im Bereich der Materialflüsse liegen. Unternehmensintern

---

[1] Vergleiche zur Hebelwirkung des Einkaufs Hahn & Kaufmann (2003, S. 255) und Kuhl (1999, S. 15).

[2] Vergleiche Arnold (1997) und Kaufmann (2001, S. 39 f).

[3] Vergleiche Jünemann (1989, S. 11).

betrachtet man beispielsweise, auf welche Art Materialien von einer Bearbeitungsstation zur nächsten gelangen und an welchen Orten Lagerplätze vorgehalten werden. Hierfür muss man zum Beispiel geeignete Transport- und Transporthilfsmittel bereitstellen. Unternehmensübergreifend wird der Austausch von Waren organisiert – Beschaffungsobjekte müssen von den Lieferanten zum weiterverarbeitenden Unternehmen gelangen, Fertigwaren sollen zu Händlern oder Kunden gebracht werden. Dafür plant die Logistikabteilung geeignete Verkehrsmittel und Routen. Wegen der Unterschiedlichkeit der Anforderungen der Logistikobjekte und daraus resultierender spezifischer Konzepte wird die Logistik für gewöhnlich in Beschaffungs-, Produktions-, Distributions- und Entsorgungslogistik gegliedert,[4] wenngleich das Grundverständnis und die jeweiligen Zielgrößen nahezu identisch sind.

Den Aktivitäten der Beschaffungslogistik gehen die Einkaufstätigkeiten voraus. Die Einkaufsabteilung beobachtet Beschaffungsmärkte, die alle Anbieter eines zu beschaffenden Gutes und Anbieter für Substitutionsprodukte des zu beschaffenden Gutes umfassen.[5] Aufkommende Trends wie Verknappungstendenzen, Preisveränderungen, Anbieterkonzentrationen oder das Entstehen von Substituten müssen analysiert und hinsichtlich der Bedeutung für das eigene Unternehmen bewertet werden. Ebenso muss der Einkauf unternehmensintern Beschaffungsbedarfe ermitteln. In Abstimmung mit den Forschungs- und Entwicklungs-, Produktions-, Logistik-, Qualitätssicherungs- und Controlling-Abteilungen werden Beschaffungsanforderungen wie Art und Qualität des

---

[4] Vergleiche zu Klassifikationsmöglichkeiten Wittig (2005, S. 19) und Zillig (2001, S. 137).

[5] Vergleiche Arnold (1997).

Materials, Lieferfähigkeit des Lieferanten, Beschaffungsvolumina und weitere Größen definiert. Schließlich erarbeitet die Beschaffungsabteilung ein Bündel von Beschaffungsoptionen, das bestehende Quellen absichert, neue
einbezieht und dem Unternehmen adäquate Marktmacht
im Beschaffungskontext verschafft.[6] Eine wichtige Aufgabe besteht in der Definition von Beschaffungsstrategien, die als Handlungskorridore auf dem Weg zur Zielerreichung dienen. Abbildung 1 macht deutlich, dass sich
Beschaffungsstrategien im Allgemeinen auf mehrere Dimensionen beziehen.[7]

Beschaffungs-strategien	Träger der Wertschöpfung	Insourcing vs. Outsourcing
	Anzahl der Bezugsquellen	Single vs. Multiple Sourcing
	Komplexität des Inputs	Unit vs. Modular Sourcing
	Bereitstellungsart	Stock vs. Just-in-time-Sourcing
	Größe des Marktraumes	Local vs. Global Sourcing

Abbildung 1: Beschaffungsstrategien

Die Strategie zur Definition des *Trägers der Wertschöpfung*
umfasst Entscheidungen, für welche Bauteile und Baugruppen man Eigenerstellung und für welche Fremdbezug anstrebt. Diese Entscheidung trifft die Beschaffungsabteilung nicht isoliert, sondern in enger Abstimmung mit
der Unternehmensleitung und der Produktionsabteilung.
Dabei wird man insbesondere strategische Aspekte sowie
Kosten und Risiken berücksichtigen. Bei den Überlegungen zur Festlegung der *Anzahl von Bezugsquellen* für ein-

---

[6] Vergleiche Scheuing (1989).

[7] Vergleiche Arnold (1997) und Wannenwetsch (2010, S. 163).

zelne Beschaffungsobjekte müssen Bündelungseffekte
und langfristiger Vertrauensaufbau einerseits und Risi-
kostreuung und Erhalt der eigenen Marktmacht andererseits gegeneinander abgewogen werden. Hinsichtlich der
Komplexität des Inputs prüft der Einkauf, ob es vorteilhafter
ist, Einzelteile zu beschaffen oder vorgefertigte Module
vom Lieferanten zu beziehen. Bei den Strategien zur *Bereitstellungsart* besteht die Wahl zwischen Beschaffung auf
Lager oder Just-in-time-Beschaffung. Hinsichtlich der
Größe des Marktraumes wählt der Einkauf zwischen lokaler,
regionaler, nationaler oder globaler Beschaffung der Rohstoffe und Vorprodukte. Durch die Entscheidungen des
Einkaufs und die strategischen Rahmenbedingungen werden wesentliche Restriktionen für die Beschaffungslogistik gesetzt.[8] Beschafft ein deutsches Unternehmen im
Rahmen einer global angelegten Beschaffungsstrategie
Vorprodukte zum Beispiel in Asien, hat die Logistik die
Überbrückung großer Distanzen unter Nutzung verschiedener Verkehrsmittel zu organisieren. Eine andere Situation würde sich ergeben, wenn der Lieferant im Nachbar-
ort beheimatet wäre. Vorgefertigte Module erfordern andere Transporthilfsmittel als Einzelteile. Eine Beschaffung auf Lager bedingt die Verfügbarkeit von Lagerplatz
und lagertechnischer Infrastruktur, während die Realisierung von Just-in-time-Beschaffung sichere Transportket-
ten voraussetzt. Diese Beispiele zu möglichen Auswirkungen der Beschaffungsstrategien auf die Logistik verdeutlichen die Kernaufgaben und primären Zielgrößen der Logistik, die sich insbesondere mit dem Transport, dem Umschlag und der Lagerung von Objekten befasst.

---

[8] Vergleiche zu den noch viel weiterreichenden Auswirkungen
der Beschaffungsstrategien auf Wettbewerbsstrategien und Ab-
satzmarkterfolge Amann & Essig (2011, S. 11 f).

Komponenten, Module oder Systeme, die in ein Produkt des Unternehmens eingehen, selbst produziert oder bei Zulieferunternehmen gekauft werden?[13] Prinzipiell muss man diese Frage für jedes Bauteil und jede Baugruppe wie auch für die Montage des Gesamtproduktes beantworten. Im einen Extremfall können Make-or-Buy-Entscheidungen dazu führen, dass Unternehmen nicht mehr selbst produzieren, da der Zukauf der Gesamtprodukte die günstigste Lösung darstellt. In der Praxis findet man immer wieder Unternehmen, die ihre Kernkompetenzen im Bereich der Produktentwicklung und Produktvermarktung haben und demnach die Produktion zur Gänze einstellen. Im anderen Extremfall – wenn alle Fragen mit „Make" beantwortet werden – entstehen Unternehmen mit ausgeprägter Fertigungstiefe, die alle Produktionsschritte selbst ausführen und möglicherweise lediglich Rohstoffe von Gewinnungsunternehmen beziehen. Die meisten Unternehmen weisen eine mittlere Fertigungstiefe mit gewissen Tendenzen zur Verringerung auf. Sie kaufen Vorprodukte und verarbeiten diese zu Endprodukten weiter. Insgesamt zielen gewinnorientierte Unternehmen darauf ab, die für sie optimale Balance aus Zukauf und Eigenerstellung zu ermitteln.

Beschreibung der Make-or-Buy-Entscheidung

Häufig ist zu hören, dass bei der Ermittlung von Eigenerstellung oder Fremdbezug die kostengünstigste Variante gesucht wird. Diese Sichtweise beleuchtet einen wichtigen Aspekt, greift aber insgesamt zu kurz. Die Entscheidung sollte man von einer Vielzahl von Kriterien abhängig machen, die häufig nicht vollständig monetarisierbar, dennoch aber von hoher Relevanz sind. So sollte man neben

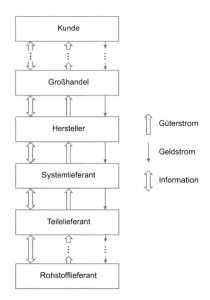

Abbildung 2: Lieferkette

Das bedeutet, dass man neben den bereits angesprochenen Transportaktivitäten auch die Lagerplanung und Lagerbewirtschaftung und das Umschlagen und Kommissionieren von Waren berücksichtigen muss – häufig als TUL-Logistik abgekürzt.[9] Wie in Abbildung 2 dargestellt, obliegt der Logistik wegen ihrer Kopplungsfunktion zwischen Systemen zunehmend auch die Koordination von Aktivitäten ganzer Lieferketten im Rahmen des so genannten Supply Chain Managements. Der Ansatz des Supply Chain Managements zielt auf die Verbesserung der Versorgung, auf die Erhöhung der Kundenorientierung, auf die Reduktion der Bestände und auf die Ausweitung

---

[13] Vergleiche Ramser (1979, Sp. 435).

[9] Vergleiche Klaus & Krieger (2008, S. 585).

des Flexibilitätsniveaus durch abgestimmte Planung und passfähiges Agieren der Mitglieder in einer Wertschöpfungskette.[10] Dabei ist in der Regel nicht von einer Ketten-, sondern eher von einer Netzstruktur auszugehen. Daher wird gelegentlich – wie in Abbildung 3 illustriert – vom so genannten *Demand Net Management* gesprochen. Die Logistik beansprucht zunehmend – obwohl innerhalb der Unternehmensfunktionen eindeutig eine Sekundär- und Unterstützungsfunktion – eine Führungsrolle.[11]

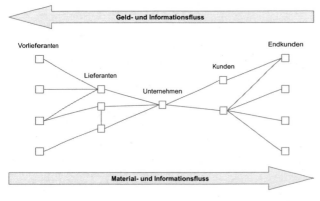

Abbildung 3: Demand Net Management[12]

Beschaffung und Logistik benötigen betriebswirtschaftliche Methoden, die es ihnen erlauben, Einkaufspreisreduktionen und Kostensenkungen zu initiieren, Versorgungssicherheit herzustellen, fähige Lieferanten zu finden und

---

[10] Vergleiche Kuhn & Hellingrath (2002, S. 10).

[11] Vergleiche dazu die Entwicklungsstufen der Logistik bei Zillig (2001, S. 112).

[12] Modifiziert nach Arndt (2005, S. 46).

aufzubauen, Innovationsimpulse aus dem Besch markt zu organisieren und durch flexible Besch quellen die Anpassungsfähigkeit des Unterneh optimieren.

1.1   Make-or-Buy-Entscheidung

- *Problemstellung:* Entscheidung über Eigenfe oder Fremdbezug von Bauteilen im Rahm Überlegungen zur Konzentration auf Ker petenzen und Kostensenkungen
- *Zielgruppe:* Geschäftsführer, Produktionsleit schaffungsleiter, Logistiker
- *Voraussetzungen:* Kenntnis der Unternehme tegie, Informationen über Kosten der Eiger lung und des Fremdbezugs und Übersich verfügbare Ressourcen

Zielsetzung der Make-or-Buy-Entscheidung

In Make-or-Buy-Entscheidungsprozessen soll werden, welche Variante der Verfügbarmach stimmter Artefakte vor dem Hintergrund der U menseziele und der konkreten Umfeldbedingunge triebswirtschaftlich sinnvolle Alternative darste Entscheidungen werden üblicherweise nach Neu entwicklungen, aber auch vor dem Hintergrund duktionsoptimierung und der damit verbunder legung der Wertschöpfungstiefe, wie auch im fungswesen im Kontext von Kostenreduktionsb gen und der Schaffung einer sicheren Versorgu tion getroffen. Die Grundfrage lautet: Sollen b

der Kostenhöhe[14] beispielsweise auch folgende Kriterien berücksichtigen:[15]

- Art der Kernkompetenzen,
- Höhe der Produktionskapazität,
- Höhe des Kapitalbedarfs,
- Regelmäßigkeit des Bedarfs der Objekte,
- Verfügbarkeit potenzieller Lieferanten,
- Verhandlungsposition am Markt,
- Abhängigkeit von etwaigen Lieferanten.

Diese Kriterienliste verdeutlicht die dem Entscheidungs-problem innewohnende strategische Dimension. So wird man Unternehmen nicht empfehlen, trotz geringerer Kosten, die Zukaufvariante zu wählen, wenn sie sich dadurch in eine einseitige Abhängigkeit von einem Liefe-ranten begeben, wenn keine Alternativlieferanten existie-ren und wenn das zu beschaffende Bauteil eine Kernkom-ponente des zu erstellenden Produktes darstellt. In dieser Situation wird der Lieferant seine starke Stellung ausnut-zen und – vielleicht mit etwas Zeitverzögerung – Preise und Konditionen diktieren. Das beschriebene Szenario macht die Risiken deutlich und zeigt die Relevanz einer ganzheitlich angelegten Bewertung aller Alternativen, die durch einen strukturierten Make-or-Buy-Entscheidungs-prozess Berücksichtigung finden können.

---

[14] Das Kostensenkungsmotiv steht an erster Stelle der Beweg-gründe für Fremdbezug bislang eigenerstellter Objekte (verglei-che Kremic, Tukel & Rom 2006, S. 471).

[15] Vergleiche Mikus (1998, S. 17 f).

Anwendungsbereich und Anwendungsprozess

Das Beschaffungsmanagement wird immer wieder prüfen, ob für eigenerstellte Komponenten auch Beschaffungsmöglichkeiten am Markt bestehen und wie sich diese gegenüber der Eigenproduktion darstellen. Einkaufsabteilungen leisten damit einen wichtigen Beitrag zur strategischen Positionierung des Unternehmens. Vom strategischen Einkauf wird erwartet, dass dieser Impulse für Veränderungen wertschöpfungsbezogener Aktivitäten gibt. Ohnehin ist derzeit in zahlreichen Unternehmen ein Bedeutungszuwachs der Funktion Beschaffung zu verzeichnen. Der Grund liegt insbesondere darin, dass die Materialintensitäten in den letzten Jahren kontinuierlich gestiegen sind und Unternehmen in der Einkaufsfunktion nicht mehr den Abwickler von Bestellungen sehen. Vielmehr operiert die Beschaffung als integrativ analysierender und handelnder Akteur an der Schnittstelle zum Beschaffungsmarkt, der auch versucht, Beschaffungsmarktstrukturen im Sinne der Unternehmensinteressen zu beeinflussen.

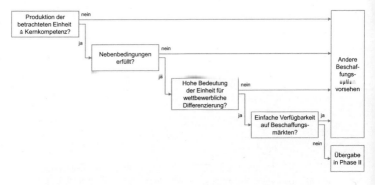

Abbildung 4: Schritte im Make-or-Buy-Entscheidungsverfahren

Make-or-Buy-Entscheidungen werden wie in Abbildung 4 dargestellt in einem mehrstufigen Verfahren getroffen.[16] Zunächst wird gefragt, ob die Produktion des betreffenden Objektes zu den Kernkompetenzen des Unternehmens zählt. Dadurch wird der Blick auf die Fähigkeiten der Organisation gelenkt. Je weniger die Zuordenbarkeit zu den Kernkompetenzen gegeben ist, desto eher spricht dies für die weitere Prüfung der Beschaffungsoption. Danach wird ein Bündel von Nebenbedingungen untersucht: zum Beispiel vorhandene Produktionskapazitäten, eventuelle Ausbaumöglichkeiten der Produktionsressourcen, die Verfügbarkeit des benötigten Kapitals und die Regelmäßigkeit des Bedarfs an dem entsprechenden Untersuchungsgegenstand. Je schwächer diese Kriterien ausgeprägt sind, desto stärker rückt die Beschaffungsvariante in den Mittelpunkt der Betrachtung. Ferner wird untersucht, ob es sich um ein bedeutsames Vorprodukt mit zentraler Stellung im Gesamtsystem und dem Potenzial zu hoher wettbewerblicher Differenzierungswirkung handelt. Je weniger man eine wettbewerbliche Differenzierungswirkung vermutet, desto eher wird man weitere Prüfungen in Richtung Zukauf vornehmen. Daran anknüpfend erfolgen Recherche und Bewertung, um zu bestimmen, ob überhaupt eine hinreichende Verfügbarkeit der Komponenten oder Baugruppen auf den Beschaffungsmärkten gegeben ist. Je höher die Verfügbarkeit, desto eher wird die Zukaufmöglichkeit in Frage kommen. In diesem Kontext sind auch die Größen Zuverlässigkeit von Lieferanten und Lieferketten, das Qualitätsniveau von Erzeugnissen und die Prozesse der Lieferanten zu analysieren. Durch die Höhe der Verfügbarkeit am Markt werden auch die

---

[16] Einen Überblick verschiedener Ansätze gibt Irle (2011, S. 29 ff).

Kriterien Autonomie und Marktmacht bestimmt. Bei hoher Verfügbarkeit dürften Autonomieausmaß und Marktmacht des potenziell beschaffenden Unternehmens hinreichend aufrechterhalten werden können. Strategische Bedeutung des Untersuchungsobjektes und Verfügbarkeit am Markt werden häufig in einer Portfoliodarstellung zusammengefasst, die als Ergebnis der ersten Phase des Make-or-Buy-Entscheidungsprozesses gilt.

Abbildung 5: Make-or-Buy-Portfolio

Aus der in Abbildung 5 illustrierten Portfoliodarstellung kann man Normstrategien ableiten, die als Hinweise zu verstehen sind, in welche Richtung Entscheidungen ausfallen können. Allerdings unter dem Vorbehalt, dass auch die auf den Wirtschaftlichkeitsvergleich zielende Kostenbetrachtung zu einem ähnlichen Resultat führen wird. Das Portfolio empfiehlt bei hoher strategischer Bedeutung der untersuchten Bauteile und Baugruppen gekoppelt mit geringer Verfügbarkeit der Objekte am Markt die Eigenerstellung. Bei geringer strategischer Bedeutung und hoher Verfügbarkeit wird Fremdbezug angeregt. Sind beide Merkmale gleich stark ausgeprägt, ist keine klare Normstrategie vorgesehen, sondern die Entscheidung nur unter Berücksichtigung weiterer Entscheidungskriterien zu treffen.

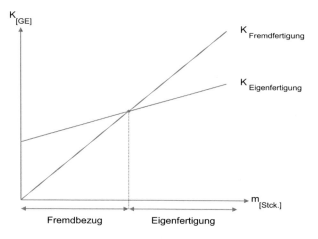

Abbildung 6: Kostenverlaufsdiagramm

In der zweiten Phase steht die Analyse der Kostenverläufe der Alternativen im Vordergrund. Es wird erfasst und beispielsweise in Kostenverlaufsdiagrammen visualisiert, welche Kosten je Alternative bei bestimmten Bedarfsmengen von Objekten anfallen. Darauf aufbauend kann man Mengenbereiche ermitteln, innerhalb derer Fremdbezug vorteilhaft wäre und Mengenbereiche, in denen man bei gleichem Objekt Eigenfertigung empfehlen würde. In der Regel dürfte bei niedrigem Bedarf die Beschaffung der Objekte geringere Kosten aufweisen als die Eigenfertigungsvariante – fallen bei letzterer doch häufig hohe Fixkosten an, die bei kleinen Stückzahlen durch geringere variable Kosten als bei der externen Beschaffung kaum zu kompensieren sein dürften. Sind hohe Stückzahlen geplant, wird bei der kostenbasierten Sichtweise häufig die Eigenfertigungslösung in den Vordergrund treten. Ein schematisches Kostenverlaufsdiagramm enthält Abbildung 6.

In der betrieblichen Praxis zeigt sich immer wieder, dass die Erfassung der Kosten zur Durchführung des Alternativenvergleiches aufwändig ist. Der Aufwand bezieht sich dabei weniger auf die Verfügbarmachung der Kosten für die externe Beschaffung der Objekte. Hier kann man durch Anfrage beim Lieferanten in der Regel sehr unkompliziert die Höhe zu zahlender Preise für unterschiedliche Mengen ermitteln. Für die Eigenfertigung sind die Kosten für Rohstoffe und für die eigene Produktion auszuweisen – hier fallen etwa Maschinenkosten, Personalkosten der Produktionsmitarbeiter und weitere Gemeinkosten an. Diese sind teilweise kaum exakt zu quantifizieren, wenn noch keine Erfahrungen in der Produktion derartiger Objekte vorliegen oder noch gar keine entsprechenden Mitarbeiter und benötigten Maschinen im Unternehmen vorhanden sind. Zur Sicherung der Make-or-Buy-Entscheidungsqualität sollten jedoch erforderliche Datenerhebungen realisiert und Schätzverfahren angewendet werden.

Weiterführende Hinweise

Make-or-Buy-Entscheidungen liefern nur dann gute Ergebnisse, wenn sie die Vielschichtigkeit der Entscheidung in den Bewertungsprozess integrieren. Einfache Ansätze, die nur die momentane Fähigkeitsausstattung des Unternehmens, nur die Lieferantenverfügbarkeit oder nur den Kostenvergleich in den Mittelpunkt rücken, sind zwar in der betrieblichen Praxis immer wieder anzutreffen, verkürzen das Problem aber unzulässig und dürften häufig zu Fehlentscheidungen führen. Auch eine statisch-passive Sichtweise kann zu Fehlsteuerungen beitragen. Die aktuelle Einschätzung von Marktverhältnissen und Lieferantenfähigkeiten ist nicht für die Zukunft festgeschrieben. Lieferanten können aus Märkten ausscheiden, ihre Schwerpunkte verändern oder von Konkurrenten übernommen werden. Die Personen, die Make-or-Buy-Entscheidungen treffen und ausführen, können allerdings auch systembeeinflussend wirken. Insbesondere können sie eigene Fähigkeiten und Machtpositionen verändern, aber auch durch gezielte Lieferantenförderung und Lieferantenentwicklung Zulieferer befähigen, Produktionsaufgaben zu übernehmen. Auch die Kosten der Eigenfertigung können durch Technologieentwicklungen beeinflusst werden. Entscheider sollten daher für verschiedene Situationskonstellationen die Betrachtungen und Berechnungen ausführen und in gewissen Abständen für die gleichen Objekte wiederholen – können doch Veränderungen bei einzelnen Variablen, die entweder selbst herbeigeführt oder durch das Umfeld getrieben werden, ein Umschwenken nahelegen.

1.2 Lieferantenaudit

- *Problemstellung:* Beurteilung eines neuen Lieferanten und Analyse seiner Fähigkeiten zur Risikominimierung vor Abschluss von Lieferverträgen
- *Zielgruppe:* Einkäufer, Materialgruppenmanager, Logistiker, Qualitätsmanagementmitarbeiter, Lieferantenentwickler

■ *Voraussetzungen:* Mitwirkungsbereitschaft des Lieferanten, interdisziplinäre Herangehensweise und Know-how im Bereich Prozess- und Produktionsanalyse

Zielsetzung des Lieferantenaudits

Das Lieferantenaudit ist eine Methode der Lieferantenanalyse und Lieferantenbewertung und dient dem Abnehmer von Waren zur Erhebung von Primärdaten. Im industriellen Beschaffungswesen werden Einkaufsvorgänge nicht bei jedem auftretenden Bedarf vollständig neu angestoßen. Baut ein Automobilhersteller in seine Fahrzeuge üblicherweise Schaltgetriebe, auf Kundenwunsch aber auch Automatikgetriebe ein, so wird das Unternehmen nicht bei jeder Bestellung eines Automatikfahrzeuges erneut auf Lieferantensuche gehen. Vielmehr wird der Automobilhersteller Kooperationen mit Lieferanten eingehen, die in der Regel einen Vertrag über einen großen Teil oder über die gesamte Laufzeit der Produktion des aktuellen Modells erhalten und bei denen der Hersteller die benötigten Getriebe in vereinbarter Spezifikation und zu vereinbarten Preisen abrufen kann.

Für die reibungslose Funktionsweise des Ansatzes ist es von großer Bedeutung, dass man zuverlässige Lieferanten ausgewählt hat. Die Zuverlässigkeit und Fähigkeit möglicher Lieferanten wird das Unternehmen im Vorhinein prüfen wollen. Zahlreiche Informationen kann der potenzielle Lieferant dem Kunden in schriftlicher Form vorlegen. Weitere Informationen wird der Kunde selbst einholen wollen, da er gegebenenfalls ein Manipulationsinteresse seitens des Lieferanten vermutet oder weil die Einstufung, ob eine bestimmte Qualifikation vorliegt, intersubjektiv sehr unterschiedlich ausfallen kann. Zu diesem Zweck kommen Lieferantenaudits zum Einsatz. Sie liefern sehr detaillierte Informationen[17] für eine begrenzte Anzahl von in die engere Wahl genommenen Lieferanten.[18] In den entsprechenden Audits muss der Lieferant nachweisen, dass er beispielsweise die Kapazitäten oder Qualifikationen und die prozessual-organisatorischen Fähigkeiten besitzt, die geforderten Leistungen zu erbringen. Für gewöhnlich kommen zur Überprüfung dieser Aspekte Auditoren in das Unternehmen des Lieferanten und fordern Einsicht in und Stellungnahmen zu Produktionsprozessen, Anlagen, Prüfinstrumenten oder Qualitätsmanagementprozessen. Der Auditor möchte sich ein Bild machen, ob der Lieferant den gesetzten Anforderungen genügt.[19] Im Ergebnis kann die Ausstellung eines Zertifikates stehen, welches das Vorhandensein des geforderten Fähigkeitenausmaßes seitens des Lieferanten dokumentiert. Der Lieferant wird sich dieser Prozedur unterziehen, da er vielfach nur hierdurch die Möglichkeit erhält, Lieferant des potenziellen Abnehmers zu werden und gelegentlich auch, um Anregungen zur Verbesserung der eigenen Vorgehensweisen von einem unternehmensexternen Gutachter zu erhalten.

Beschreibung des Lieferantenaudits

Das Lieferantenaudit kommt insbesondere dann zum Einsatz, wenn Abnehmer weitreichendere Informationen über Lieferanten benötigen, die man auch durch Nach-

---

[17] Vergleiche Wagner (2003, S. 709 f).

[18] Brunner & Wagner (2008, S. 31).

[19] Audits werden nie allumfassend sein können, sondern immer einen speziellen Fokus aufweisen, etwa System-, Prozess- oder Produktaudit (vergleiche Large 2009, S. 198 f).

weise oder die Lieferung von Musterteilen nicht erhält. Die Kunden der Lieferanten wollen bestimmte Fähigkeiten prüfen. Dazu wollen sie Prozesse, Strukturen, Ressourcen und gelegentlich auch die Unternehmenskultur untersuchen. In der Praxis hat sich gezeigt, dass andere Evaluationsvarianten vielfach zu Fehlschlägen führen. Auch wenn Zulieferer durch die Zusendung von nach Vorgaben des Kunden gefertigten Musterteilen belegen, dass sie die gewünschten Ergebnisse erzeugen können, wird für den Abnehmer beispielsweise nicht sichtbar, ob es sich hierbei um arbeitsintensiv erzeugte Teile handelt – mit besonderer Zuwendung etwa in Handarbeit – oder ob der Lieferant diese Fähigkeit auch für hohe Stückzahlen mit wechselnden Anteilen einzelner Varianten termingetreu bereitstellen kann. Die Verfügbarkeit stabiler Prozesse, robuster produktionstechnologischer Anlagen und logistischer Flexibilität beim Lieferanten bestimmen jedoch wesentlich den Erfolg des Unternehmens auf der nachfolgenden Wertschöpfungsstufe. Muss dieses Unternehmen mit Lieferverzögerungen, hohen Ausschussraten oder mangelnder Umstellungsgeschwindigkeit auf andere Varianten beim Lieferanten kämpfen, werden bei ihm als Abnehmer der Vorprodukte erhebliche Aufwendungen und gegebenenfalls auch beträchtliche Schäden – etwa in Form von Terminverzögerungen, Produktionsstillstand, Nacharbeit oder Prüfungen – entstehen.

Das Audit – also das Prüfen der Fähigkeiten des Lieferanten in dessen Betriebsstätte – soll dem Abnehmer ein differenziertes Bild von der Leistungsfähigkeit des Lieferanten verschaffen, einen passgenauen Zuschnitt von Lieferaufträgen erlauben, gegebenenfalls Entwicklungspotenziale aufdecken und möglicherweise auch das Vorhalten von Ausgleichsmechanismen, beispielsweise in Form temporär höherer Lagerbestände für Vorprodukte, bei Kunden auslösen. Ähnlich wie das Assessment Center im Personalmanagement zur Beurteilung von Bewerbern angewendet wird, um neben Zeugnisnoten und Bewerbungsunterlagen auch die außerhalb der fachlichen Sphäre liegenden Kompetenzen zu prüfen, so ist das Lieferantenaudit bemüht, ein umfassenderes Bild eines möglichen Kooperationspartners zu zeichnen. Auf dieser Grundlage kann man unter anderem eigene Planungen wie beispielsweise die Verlagerung von Produktionsschritten zum Lieferanten im Rahmen von Make-or-Buy-Entscheidungen absichern.

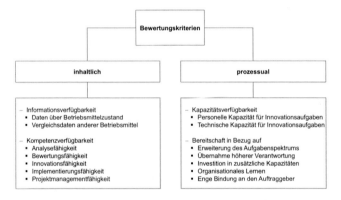

Abbildung 7: Beispielkriterien für ein innovationsbezogenes Lieferantenaudit[20]

Zur Durchführung von Lieferantenaudits werden zahlreiche Kriterien herangezogen – man spricht in diesem Zusammenhang daher von einem *multikriteriellen Vorgehen*. Das heißt, es wird nicht nur eine wichtige Eigenschaft geprüft, sondern der Versuch unternommen, hinsichtlich

---

[20] Mieke (2009, S. 155).

vieler bedeutender Faktoren Informationen zu erhalten, die zu einer Gesamtschau zusammengeführt werden. Abbildung 7 enthält Beispielkriterien für ein innovationsbezogenes Lieferantenaudit.[21]

Welche Prüfkriterien als wichtig angesehen werden, kann man unter Berücksichtigung der Anforderungen des Abnehmers und der Art des Lieferanten bestimmen.[22] Bei einem Lieferanten von Standardteilen werden andere Prüfungen im Vordergrund stehen als bei einem Zulieferer für speziell zugeschnittene Systeme. Da man verschiedene Merkmale prüft, variieren auch die Prüfverfahren. Diese reichen von Probeläufen einer Presse mit einem seriennahen Werkzeug über eine definierte Zeit bis hin zu organisatorischen Regelungen für etwaige Störfälle. In der Praxis werden auch intensive Gespräche mit Mitarbeitern des Lieferanten geführt, um deren Fähigkeiten in relevanten Feldern einzuschätzen. Gerade vor dem Hintergrund, dass sich viele Lieferanten zu Forschungs- und Entwicklungspartnern verändern, gewinnen weiche Faktoren an Gewicht. Es zählen nicht mehr nur harte, produktionsrelevante Aspekte wie Qualitätsniveau, Anlagenkapazität oder Logistikprozesse, sondern zunehmend auch Entwicklungskompetenz, Problemlösungsbegabung, Innovationsfähigkeit und Innovationsbereitschaft.

Anwendungsbereich und Anwendungsprozess

Lieferantenaudits können von unterschiedlichen Funktionsbereichen des Abnehmers gefordert werden. Im Allgemeinen wird das Beschaffungswesen diese anstoßen. Aber auch Qualitätsmanagement-, Produktions-, Logis-

---

[21] Vergleiche Mieke (2009, S. 154 ff).

[22] Zu Kriterien zur Bewertung von Lieferanten vergleiche Arnold (1997, S. 75 ff).

tik- oder Forschungs- und Entwicklungsabteilungen fungieren als Initiatoren. Wenn etwa multitechnologische Innovationen in der Forschungs- und Entwicklungsabteilung geplant sind und einige Kompetenzfelder durch externe Partner abgedeckt werden sollen, dann sucht diese Abteilung in Abstimmung mit der Einkaufsabteilung nach geeigneten Unternehmen und wird das Lieferantenaudit nutzen, potenzielle Kandidaten zu überprüfen. Nach Make-or-Buy-Entscheidungen suchen Einkauf und Produktion nach Lieferanten, die bislang intern beim Abnehmer ausgeführte Produktionsschritte übernehmen. Nach Global Sourcing-Planungen – meist zur Suche eines kostengünstigeren Lieferanten für ein Bauteil in einem Niedriglohnland – wird die Beschaffungsabteilung die Fähigkeit des neuen Lieferanten begutachten wollen, bevor etwaige Verträge geschlossen und Verbindungen mit bestehenden Lieferanten gekündigt werden. Insgesamt werden Lieferantenaudits insbesondere dann durchgeführt, wenn:

- eine längere Partnerschaft mit dem Lieferanten angestrebt wird,

- bislang nur wenige Informationen vorliegen,

- notwendige Informationen nur schwer ermittelbar sind,

- Leistungen vom Lieferanten erbracht werden sollen, die vom Standard abweichen,

- der Erfolg des Unternehmens durch schlechte Leistungen des Lieferanten in erheblichem Maße beeinflusst wird.

Das Verfahren zur Durchführung von Lieferantenaudits bildet ein mehrstufiges Vorgehen, wie in Abbildung 8 dargestellt. Zunächst werden Lieferanten festgelegt, bei denen man Audits durchführen möchte. Handelt es sich hier um eine größere Anzahl, erscheint es sinnvoll, eine Prio-

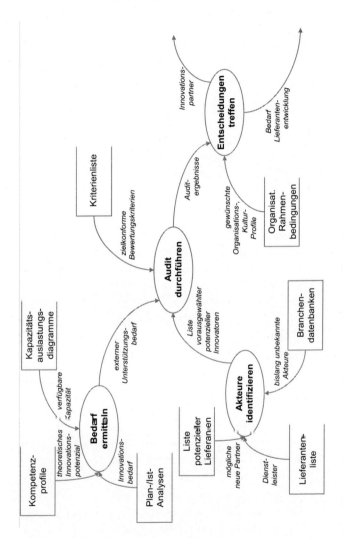

Abbildung 8: Vorgehen des Lieferantenaudits[23]

risierung vorzunehmen. Anschließend wird ein Audit-Team zusammengestellt, das in der Regel crossfunktional ist und Vertreter unterschiedlicher Fachrichtungen und Abteilungen umfasst wie Mitglieder der Beschaffung, der Produktion, des Qualitätsmanagements und des Controllings. Danach erfolgt die Abstimmung mit dem potenziellen oder schon bestehenden Lieferanten hinsichtlich der Auditdurchführung und der terminlichen Koordination.[24]

Dann wird das Audit vom Audit-Team vorbereitet. Ein wichtiges Feld bildet die Festlegung der Prüfbereiche und Prüfverfahren. In diesem Zusammenhang werden möglicherweise weitere Informationen vom Lieferanten angefordert, die etwaige Prüfungen verkürzen können oder die zur zielgerichteten Vorbereitung erforderlich sind. Es folgt die Durchführung des Audits in der Betriebsstätte des Lieferanten. Die einzelnen Aktivitäten der Auditdurchführung beschreibt Abbildung 9.

Das Vorgehen verlangt nach einer konstruktiven Mitwirkung des untersuchten Unternehmens. Gewährt dieses keinen Zugang zu bestimmten Fertigungsabschnitten, hält Informationen zurück, verhindert Gespräche mit relevanten Mitarbeitern oder führt Probearbeiten nicht aus, kann man keine aussagekräftigen Lieferantenauditergebnisse erzielen. Einerseits kann man vermuten, dass Lieferanten daran interessiert sind, möglichst viele Aspekte nicht preiszugeben – und in der Tat passiert es immer wieder, dass Audits wegen mangelnder Kooperationsbereitschaft des Auditierten durch das Audit-Team abgebrochen werden. Andererseits wissen Lieferanten, dass sie lukrative und langfristige Lieferaufträge nur dann erhalten, wenn sie das Audit zulassen und aktiv mitgestalten.

---

[24] Vergleiche zum Ablauf von Lieferantenaudits Mieke (2009, S. 153 ff).

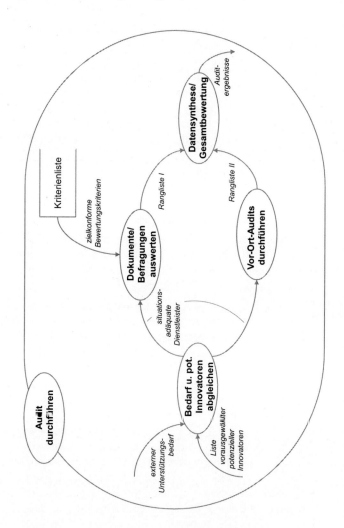

Abbildung 9: Aktivitäten der Auditdurchführung[25]

Daher wird das Audit im Normalfall vom Lieferanten unterstützt. Nach der Auditdurchführung beim Lieferanten
nimmt das Audit-Team die Auswertung vor. Mögliche Ergebnisse können sein, dass die Anforderungen entweder
voll, teilweise oder nicht beziehungsweise nicht hinreichend erfüllt werden.

Im Fall der Erfüllung von Anforderungen können – wenn
man mit dem durchgeführten Audit alle relevanten Bereiche abgedeckt hat – Verhandlungen über die Belieferung
mit entsprechenden Komponenten oder Systemen begin-
nen. Im Fall der teilweisen Erfüllung von Anforderungen
und im Fall der Nicht-Erfüllung von Anforderungen kann
es bei Verfügbarkeit von besser positionierten Alternativlieferanten zum Abbruch der Kooperationsanbahnung
kommen. Bei Nichtvorhandensein geeigneter anderer
Lieferanten werden Maßnahmen erarbeitet und zur Umsetzung empfohlen, die bei konsequenter Implementierung eine Verbesserung der Lieferantenleistung in den
nicht anforderungsgerechten Merkmalsebenen erwarten
lassen. Die Maßnahmen werden häufig gemeinsam mit
dem Lieferanten entworfen. Ein Vorgeben von Maßnahmen durch das auditierende Unternehmen führt oftmals
zu Abwehrhaltungen seitens des Lieferanten und kolli-
diert möglicherweise mit bestehenden, funktionsfähigen
Abläufen oder Systemen des Lieferanten. Eine alleinige
Erarbeitung von Veränderungsmaßnahmen durch den
Lieferanten weist typischerweise nicht ausreichend Opti-
mierungspotenzial auf. Gemeinsam erarbeitete Lösungs-
wege sind in der Regel gut geeignet, festgestellte Defizite
abzubauen, da sie durch die externe Sichtweise des Audi-
tors genügend Neuerungspotenzial aufweisen und durch
die Detailkenntnis des Lieferanten bestehende Bedingun-

---

25 Mieke (2009, S. 156).

gen und Restriktionen berücksichtigen. Gegebenenfalls erfolgt nach der Maßnahmenumsetzung ein erneutes Lieferantenaudit.

Weiterführende Hinweise

Lieferantenaudits sind gut geeignet, schnell und umfassend einen Eindruck vom Leistungspotenzial eines Lieferanten zu erhalten. Sie bedürfen allerdings umfassender Vorbereitungen und erzeugen erheblichen Aufwand. Nur interdisziplinäre und eingespielte Teams vermögen im Verborgenen liegende Schwächen zielsicher aufzudecken. Allerdings bilden Audits kein Allheilmittel. Die Durchführung ändert meist noch nicht viel. Erst das konsequente Erarbeiten und Einführen von Verbesserungsmaßnahmen führt den Lieferanten auf den gewünschten Pfad. Im internationalen Kontext können weitere Probleme auftreten – insbesondere dann, wenn Partner unterschiedlichen Kulturkreisen entstammen. Dann müssen Audit-Teams gegebenenfalls die Art ihres Vorgehens anpassen, um alle relevanten Informationen zu erhalten. In der Praxis kommt es beispielsweise aus folgenden Gründen häufig zu Irritationen auf beiden Seiten:

- Wird eine zu genaue Prüfung als Vertrauensentzug gewertet?

- Ist die direkte Ansprache von Produktionsmitarbeitern hierarchieübergreifend durch Abteilungsleiter des auditierenden Unternehmens möglich?

- Werden bohrende Fragen als vernichtende Kritik aufgefasst und geht damit ein Gesichtsverlust des Befragten einher?

- Sind zugesagte Verbesserungsmaßnahmen und entsprechende Termine wortgenau zu verstehen oder lediglich als Zeichen des guten Willens zu interpretieren?

Diese und weitere Fragen sollte man im Vorfeld eines internationalen Lieferantenaudits klären und die Methode gemäß den jeweiligen kulturellen Bedingungen anpassen. Nur so kann es gelingen, Vertrauen als Basis für eine nutzenstiftende Kooperation zu schaffen und eine Win-win-Situation herzustellen.

1.3 Auktion

- ■ *Problemstellung:* Erzielung günstiger Preise für zu beschaffende Güter unter Nutzung des Wettbewerbsmechanismus zwischen Lieferanten bei geringen Prozesskosten für den Hersteller
- ■ *Zielgruppe:* Einkäufer, Materialgruppenmanager, Logistiker, Produktionsleiter
- ■ *Voraussetzungen:* Exakte Beschreibung der zu beschaffenden Leistung und Verfügbarkeit qualifizierter und mitwirkungsbereiter Lieferanten

Zielsetzung der Auktion

Auktionen sind Verfahren zur Vergabe von Aufträgen. Unternehmen haben ein Interesse daran, nicht selbst produzierte Vorprodukte von externen Anbietern in bester Qualität und zu günstigen Preisen zu beziehen und dann weiterzuverarbeiten. Das klassische Verfahren in Unternehmen, um Produzenten von Vorprodukten auszuwählen, ist die Ausschreibung. Die zu beschaffenden Leistungen – eine Beratungs- oder Baudienstleistung oder ein Vorprodukt – werden in den Ausschreibungsunterlagen möglichst genau spezifiziert, um einerseits die Anforderungen deutlich zu machen und um andererseits eine seriöse Preiskalkulation der Lieferanten zu ermöglichen. Die Anbieter geben unter Rekurs auf die Ausschreibungen Auskunft, ob, in welcher Menge und zu welchen Preisen sie die entsprechenden Güter liefern können. In der Regel schließen sich Lieferantenaudits und Preisverhandlungen an. Dies ist für den Hersteller des Gesamtproduktes, der ein Vorprodukt nachfragt, ein vergleichsweise aufwändiges Verfahren. Insbesondere der Verhandlungsteil setzt gute Vorbereitung, das Vorhandensein mehrerer Angebote und Verhandlungsgeschick voraus. An diesem Punkt setzt das Konzept der Auktion an. Warum soll der Nachfrager der Leistung eigentlich den Prozess der Preisverhandlung steuern? Durch die Schaffung von Transparenz würden sich konkurrierende Lieferanten unter Umständen selbst unterbieten, während der Bezieher der Leistung abwartet und dem günstigsten Anbieter den Auftrag erteilt. Dies kann sowohl zu attraktiven Einkaufspreisen als auch zu optimierten Prozesskosten im Unternehmen führen.[26] Von einer Auktion verspricht man sich insofern, eine konsequente Nutzung des Marktmechanismus, das Finden des günstigsten Preises bei gleichzeitig reduziertem Aufwand durch den Leistungsbezieher. Der Fokus liegt demnach eindeutig auf der Kostensenkung im Beschaffungswesen.

Beschreibung der Auktion

Auktionen setzen voraus, dass eine detaillierte Leistungsbeschreibung für das zu beschaffende Gut vorliegt. Anderenfalls können Anbieter ohne weiteres andere unterbieten, indem sie einfach einen geringeren Leistungsumfang offerieren. Grundvoraussetzung einer Auktion ist in-

---

[26] Vergleiche Eichstädt (2008, S. 28).

sofern Transparenz, die wiederum Vergleichbarkeit der Angebote in technischer Hinsicht erfordert. Auktionen sind keine neue Erfindung. Sie stellen vielmehr ein altes Prinzip der Preisfindung dar. Bekannter ist die Variante, dass der Verkäufer einer knappen Ware eine Auktion ansetzt, um den höchsten Preis für das zu verkaufende Gut zu erhalten – im englischsprachigen Kontext als *Forward Auctions* geläufig. Die Interessenten sollen sich gegenseitig überbieten. Im Beschaffungswesen ist demgegenüber charakteristisch, dass der Käufer einer Leistung vielen Anbietern gegenübersteht, die ein Interesse daran haben, den Auftrag zu erhalten und sich deshalb – bis zu einer gewissen Preisuntergrenze – gegenseitig unterbieten. Diesen Prozess bezeichnet man im englischsprachigen Kontext als *Reverse Auctions*.[27] Das Verfahren funktioniert nur, wenn das Erlangen des Auftrages für potenzielle Leistungserbringer attraktiv ist, etwa eine gewisse Größe aufweist, langfristige Lieferungen ermöglicht oder wenn das Geschäft ein gewisses Prestige besitzt. Ferner müssen unterschiedliche Anbieter vorhanden sein. Existiert nur ein geeigneter Anbieter, macht eine Auktion keinen Sinn. Dieser Fall tritt in der Praxis vor allem bei speziellen technologischen Lösungen ein. In diesem Zusammenhang wird immer wieder das Beispiel von Eisenbahnbremsanlagen genannt.

Das hier beschriebene Modell mit hoher Transparenz und gegenseitigem Unterbieten der Lieferanten spiegelt das Modell der englischen Auktion wider, die neben weiteren Auktionsarten in Abbildung 10 dargestellt ist.[28] Der in der

---

[27] Vergleiche zu Auktionsformen Müller (1999, S. 222 ff).

[28] Sie bildet die in diesem Kontext am häufigsten eingesetzte Auktionsart (vergleiche zur Einsatzhäufigkeit dieser und anderer Auktionsarten Eichstädt 2008, S. 118).

Sichtbarkeit der Gebote	Offen		Geschlossen
Preissetzungs-akteur	Englisch Bieter setzen Preise	Japanisch System setzt Preise	Holländisch Auktionator setzt Preise
Aktions-mechanik	Einseitige		Zweiseitige

Abbildung 10: Auktionsarten

Regel online bereitgestellte Auktionsraum ist für eine gewisse Zeit geöffnet. Alle Lieferanten sehen die Gebote ihrer Mitbieter und können mehrfach Angebote unterbreiten. Das niedrigste Gebot erhält den Zuschlag.[29] In der Praxis kommen auch noch die weniger eingesetzten Formen der verdeckten Auktion und das Holländische Modell zur Anwendung. Bei der verdeckten Auktion gibt jeder Bieter nur ein Gebot ab und sieht die anderen Gebote nicht. Der Lieferant mit dem niedrigsten Gebot erhält den Auftrag. Bei dieser Variante wird das Preissenkungspotenzial des gegenseitigen sukzessiven Unterbietens möglicherweise nicht hinreichend genutzt, andererseits werden strategisch gesetzte hohe Einstiegsgebote und ein lediglich zur Schau gestelltes Unterbieten vermieden. Bei der Holländischen Auktion setzt der Nachfrager der Leistung einen sehr niedrigen Einstiegspreis und erhöht diesen schrittweise. Der erste Lieferant, der den Preis akzeptiert – es gibt demnach nur ein Gebot – erhält den Zuschlag.

---

[29] Emiliani & Stec (2002) weisen darauf hin, dass jenes durch den niedrigen Einkaufspreis erhoffte Einsparvolumen nicht vollständig realisiert wird, da beim billigsten Anbieter logistische oder qualitätsseitige Probleme auftreten können, die wiederum Kosten erzeugen.

Anwendungsbereich und Anwendungsprozess

Auktionen lassen sich für die unterschiedlichsten Beschaffungsobjekte realisieren. Sie eignen sich sowohl für Dienstleistungen als auch für Hilfs- und Betriebsstoffe und für Produktionsmaterialien und Vorprodukte. Voraussetzung ist allerdings, dass die Objekte gut beschrieben werden können. In Innovationsprojekten, in deren Rahmen man die Ergebnisse vorher kaum spezifizieren kann, wird dieses Verfahren weniger angewendet. Die Verfügbarkeit moderner Informationstechnologien hat den Einsatz von Auktionen im Beschaffungswesen insgesamt befördert.

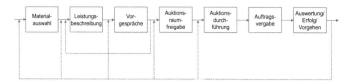

Abbildung 11: Auktionsbasiertes Auftragsvergabeverfahren

Zu Beginn eines auktionsbasierten Vergabeverfahrens nimmt man – wie Abbildung 11 verdeutlicht – die Definition der Leistung vor. Hier ist eine exakte Beschreibung und Abgrenzung erforderlich. In Branchen mit technisch komplexen Gütern werden regelmäßig intensive Vorgespräche mit den Lieferanten geführt, die zum Gegenstand haben, alle beteiligten Akteure auf den gleichen Informationsstand zu bringen. Man versucht zu vermeiden, dass etwaige Interpretationsspielräume entstehen. Alle technischen Parameter und alle logistischen Leistungsbestandteile müssen definiert und allen beteiligten Lieferanten verständlich gemacht werden. Erst dann entfaltet die Methode der Auktion ihre Wirkung, da im Verlauf der Auktion ausschließlich auf das Kriterium Preis fokussiert wird.

Anschließend wird auf einem virtuellen Marktplatz – einer internetbasierten Plattform – die Auktion angestoßen. Die Auktion kann man für alle interessierten Unternehmen zugänglich machen oder nur das Einloggen eines vorher bestimmten Kreises von Unternehmen zulassen. Dann werden die Auktionsbedingungen bekanntgegeben und die Auktion eröffnet. Zum geplanten Zeitpunkt wird die Auktion beendet und der Zuschlag an das Unternehmen mit dem geringsten Preisgebot erteilt.

In der Regel – vor allem, wenn erst wenige Erfahrungen mit Auktionen vorliegen – empfiehlt sich eine Nachlese, in der man die Erfahrungen aus der Auktion bewertet und versucht, diese für künftige Auktionen nutzbar zu machen. Folgende Leitfragen können für die Auktionsevaluation herangezogen werden:

- Waren die Auktionsbedingungen allen Beteiligten klar?
- War die angesetzte Zeit ausreichend, oder war sie gegebenenfalls zu groß bemessen?
- War der Bieterkreis angemessen?
- War das Auktionsverfahren für das definierte Beschaffungsproblem passend?
- Welches Bieterverhalten war zu erkennen?
- Welche Konsequenzen ergeben sich aus dem beobachteten Bieterverhalten?

Weiterführende Hinweise

Auktionen erfreuen sich im Beschaffungswesen großer Beliebtheit, bieten sie doch ein geeignetes Mittel, günstige Einkaufspreise zu realisieren und einen effizienten Beschaffungsprozess zu unterstützen. Allerdings muss man im Detail prüfen, ob für die avisierten Objekte und die damit verbundenen Beschaffungsmarktstrukturen eine Auktion tatsächlich das leistungsfähigste Vergabeverfahren darstellt. Auch ein nachträgliches Verändern des Leistungsumfanges unter Beibehaltung des Preises verbietet sich. Ebenso darf man nicht der Versuchung erliegen, dem Anbieter mit dem niedrigsten Gebot doch nicht den Zuschlag zu erteilen, da man gegebenenfalls Qualitätsmängel antizipiert. Derartige Verfahrensweisen schmälern das Vertrauen in den Leistungsbezieher. Auf den schnellen, einmaligen Erfolg folgen im Allgemeinen Nachteile in der Zukunft. Auch das Überstrapazieren dieser Methode im Sinne eines zu häufigen Einsatzes kann bei Lieferanten Unmut hervorrufen, ebenso wie das Involvieren offenkundig nicht hinreichend qualifizierter Bieter oder auch das Manipulieren des Bieterwettbewerbs.[30] Auch kann das standardmäßige Anwenden von Auktionen dazu führen, dass innovative Anbieter Normalaufträge nicht mehr erhalten und ihnen somit eine solide Grundfinanzierung wegbricht. Damit würde ihnen die Basis entzogen, Innovationsprojekte zu initiieren, die dem Leistungsbezieher gegebenenfalls wichtig gewesen wären. Insofern scheint ein umsichtiger Umgang mit der Methode geboten.

1.4 Konzeptwettbewerb

■ *Problemstellung:* Identifizierung des innovativsten Lieferanten mit der passfähigsten Lösung für eine technische Aufgabenstellung

■ *Zielgruppe:* Einkäufer, Materialgruppenverantwortliche, Innovations- und Technologiemanager

---

[30] Zu unethischem Verhalten vergleiche Jap (2002, S. 521 f).

■ *Voraussetzungen:* Innovationspotenzial bei Lieferanten, präzise Zielbeschreibung, Offenlegung der
Entscheidungskriterien und Einhaltung aufgestell-
ter Verfahrensregeln

Zielsetzung des Konzeptwettbewerbs

Konzeptwettbewerbe zielen auf Bereiche, in denen Hersteller nach leistungsfähigen Lieferanten mit innovativen
Konzepten suchen.[31] Im Unterschied zur Auktion steht
hier nicht der Preis im Mittelpunkt der Bewertung, sondern die technische Ausführung, wobei auch wirtschaftliche Parameter Berücksichtigung finden. Das Grundprin-
zip des Konzeptwettbewerbs stammt aus dem Bereich der
Architektur. Architekten stellen sich in einem Wettbe-
werb mit ihren Entwürfen potenziellen Auftraggebern
vor, die dann dem aus ihrer Sicht besten Ansatz den Zuschlag erteilen.

Der Konzeptwettbewerb gewinnt in der industriellen Praxis an Bedeutung, da Lieferanten neben der Übernahme
weiterer Wertschöpfungsanteile durch die Produktion
ganzer Module und Systeme zunehmend auch Innovati-
onsaufgaben ausführen sollen.[32] Bei den Lieferanten liegt
viel innovationsrelevantes Wissen, das Hersteller stärker
nutzen wollen. Mit Hilfe von Konzeptwettbewerben versucht man, die Auswahl geeigneter System und Modul-
lieferanten[33] für Innovationskooperationen zu unterstützen und den Entscheidungsprozess methodisch zu unter-
füttern. Konzeptwettbewerbe bilden somit eine Koppel-

---

[31] Vergleiche Hug (2001, S. 286 f).

[32] Vergleiche Wildemann (2006, S. 243).

[33] Vergleiche Hickel (2011, S. 167).

stelle zwischen Beschaffungs- und Innovationsmanagement. Mit Konzeptwettbewerben verfolgt man das Ziel, Vergabeprozesse für Beschaffungsvorgänge im Bereich komplexer Güter und Entwicklungsprojekte effizienter ablaufen zu lassen und Unternehmen bei der Verwirklichung ihrer Innovationspionier- oder Folgerstrategie zu unterstützen.[34]

Beschreibung des Konzeptwettbewerbs

Bei einem Konzeptwettbewerb werden Lieferanten vom Hersteller aufgefordert, Realisierungspläne für eine bestimmte Aufgabenstellung unter Beachtung gesetzter Restriktionen zu bearbeiten und einzureichen. Die Lieferanten gehen in Vorleistung und erarbeiten Lösungsansätze für die vom Auftraggeber formulierte Problemstellung. Andere Lieferanten erarbeiten ebenfalls Lösungsmöglichkeiten, so dass ein Lieferantenwettbewerb entsteht und schließlich nur ein Lieferant den Auftrag zur Ausarbeitung seines Ansatzes und zur späteren Belieferung des Herstellers erhält. Der Auftraggeber erlangt auf diese Weise gute Einblicke in die Innovationsfähigkeit der Lieferanten und ermuntert diese zur intensiven Auseinandersetzung mit der gestellten Problematik. Die Motivation zur Mitwirkung seitens der Lieferanten entspringt unter anderem folgenden Gründen:

▪ Hoffnung auf einen Serienproduktionsauftrag für das zu entwickelnde Modul,

▪ Verknüpfung von komplementärem Know-how zwischen Hersteller und Lieferant,

▪ Erlangung einer starken Stellung mit schwerer Ersetzbarkeit,

---

[34] Vergleiche Wildemann (2006, S. 243).

▓ Informationen aus der Innenperspektive des Herstellers,

▓ Fertigungsgerechte Konstruktion und somit reibungslose und günstige Produktion.

Es existieren aber auch beträchtliche Risiken für die teilnehmenden Lieferanten. So haben sie umfangreiche Vorleistungen zu erbringen, die ihnen bei Nichterhalt des Auftrages unter Umständen nicht ersetzt werden. Selbst wenn sie den Auftrag erhalten, haben sie einen großen Teil der Entwicklungsüberlegungen vorfinanziert und somit Kosten zu tragen. Durch die Erarbeitung und Einreichung des Konzeptes kann es zu einem Wissensabfluss vom Lieferanten zum Hersteller kommen. Vor allem für Lieferanten, die vom Auftraggeber nicht berücksichtigt werden, ist dieser Umstand ärgerlich, da der Hersteller in die Lage versetzt wird, die Ansätze der im Konzeptwettbewerb unterlegenen Lieferanten für sich zu nutzen. Ferner zeigt sich in der Praxis recht häufig, dass in Konzeptwettbewerben etablierte Lieferanten einen strukturellen Vorteil gegenüber neuen Lieferanten haben, da es den Etablierten aufgrund ihres Informationsvorteils vielfach gelingt, auch auf durch den Auftraggeber im Rahmen des Wettbewerbs nicht geäußerte, aber dennoch bestehende Anforderungen einzugehen und dadurch unter Umständen passfälligere Konzepte abliefern zu können.

Anwendungsbereich und Anwendungsprozess

Konzeptwettbewerbe kommen insbesondere in Industriebereichen zur Anwendung, in denen Unternehmen komplexe Produkte erstellen, in denen vergleichsweise kurze Produktlebenszyklen vorherrschen und Lieferanten daher in einem Innovationswettbewerb stehen und in denen mehrere konkurrierende Lieferanten über Innovationsfähigkeit und Innovationsbereitschaft sowie Entwicklungskompetenz verfügen. Der Anwendungsprozess des Konzeptwettbewerbs umfasst vier Hauptphasen, die in Abbildung 12 verdeutlicht werden.

Abbildung 12: Phasen des Konzeptwettbewerbs

In der ersten Phase bereitet man den Konzeptwettbewerb vor. Dazu gehören unter anderem die Erstellung von Ablaufplanung und Terminplanung und die Entwicklung des Kommunikationskonzeptes. In der Ablaufplanung werden die erforderlichen Schritte festgelegt, benötigte Ressourcen abgeschätzt und Ansprechpartner definiert. Die Terminplanung umfasst die Taktung der Termine des eigentlichen Wettbewerbs und die Vernetzung mit den Aktivitäten des Gesamtinnovationsprojektes. Im Kommunikationskonzept werden durch den Hersteller unter anderem die Bedeutung des Vorhabens und das Wettbewerbsobjekt erklärt, die Ablaufplanung dargestellt und die Kontaktart angegeben, um sicherzustellen, dass interessierten Lieferanten alle erforderlichen Informationen zur Verfügung stehen.

In der zweiten Phase werden die Konzeptanforderungen festgelegt. In einem zu erstellenden Lastenheft spiegeln sich Anforderungen, Vorgaben und Spezifikationen wider. Ferner werden aus den bekannten Lieferanten diejenigen mit bewährter Entwicklungskompetenz ausgewählt und um weitere ergänzt, die man zum Beispiel im Rahmen einer gesonderten Lieferantensuche identifiziert. Die Einladung der vorgesehenen Teilnehmer bildet den Abschluss der zweiten Phase.

Der dritte Schritt umfasst die Durchführung des Konzeptwettbewerbs. In einem Auftakttreffen – beispielsweise auch in Form eines Lieferantentages – werden die Anforderungen diskutiert und sichergestellt, dass alle Teilnehmer über den gleichen projektbezogenen Informationsstand verfügen. Danach arbeiten die Lieferanten Konzepte aus, und der Hersteller reagiert nur bei Nachfragen. Üblicherweise findet nach einigen Wochen die Konzeptvorstellung statt. Dazu werden Einzel-Workshops zwischen Hersteller und jeweils einem Lieferanten organisiert. Daran anknüpfend erfolgt die Konzeptauswertung.

In der vierten Phase stehen die detaillierte Bewertung der Konzepte und die finale Auswahl des besten Lieferanten an. Häufig wird hierbei ein integrativer Entscheidungsansatz gewählt, der nach dem Muster der Nutzwertanalyse eine multikriterielle Konzept- und Lieferantenbewertung umfasst. Konzepte und Lieferanten werden anhand der gleichen Kriterien bewertet. Für das Konzept kommen beispielsweise sowohl die Kriterien Konstruktion, Technologiereife und Differenzierungspotenzial als auch Material-, Prozess-, Werkzeug-, Logistik- und Folgekosten in Betracht. Zur Bewertung des Lieferanten werden Standardkriterien aus der Lieferantenbewertung wie Qualität, Termintreue, Preis und Service genutzt. Anschließend nimmt man die in Abbildung 13 illustrierte Verknüpfung beider Bewertungen vor. Lieferanten, die in beiden Dimensionen schwache Ausprägungen aufweisen, scheiden aus. Die Wunschkonstellation ist, einen Lieferanten mit deutlich positiver Konzeptbewertung und überlegener Lieferantenbewertung zu identifizieren. Weist keiner der Teilnehmer die Idealausprägung auf, wird man zusätzlich zur Bewertung der Fähigkeiten des Lieferanten eine Po-

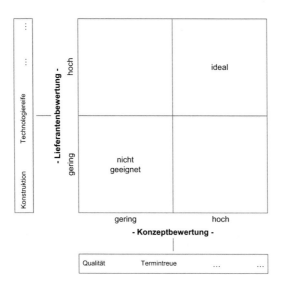

Abbildung 13: Bewertungsschema

tenzialbewertung durchführen. Der Hersteller wird abschätzen, welche Lieferanten – gegebenenfalls begleitet
durch eine systematische Lieferantenförderung – am ef-
fektivsten Schwächen abbauen werden. Zudem wird der
Hersteller reflektieren, ob er auf eine beim Lieferanten
nicht vorhandene Kompetenz verzichten kann, weil sie
bei ihm selbst vorliegt.

Nicht mehr unmittelbar zum Vorgehen des Konzeptwettbewerbs zählt man die Auswahlevaluation. Allerdings
sollte auch der Erfolg der auf dem Konzeptwettbewerb
basierenden Entscheidungen kontrolliert werden. Aus der
betrieblichen Praxis ist bekannt, dass insbesondere in den
Feldern Entwicklungszeitverkürzung, Fertigungskosten-
senkung und Vermeidung von Konstruktionsänderungen
erhebliche Verbesserungen erzielt werden können.

Weiterführende Hinweise

Konzeptwettbewerbe stellen eine leistungsfähige Methode zur Identifikation innovativer Lieferanten dar, wenn man das Instrument unter Berücksichtigung beider Interessenlagen einsetzt und wenn die Beschaffungsmethoden aufeinander abgestimmt sind. Das heißt: Wurden Lieferanten über Jahre ausgepresst und wurden ihnen Preissenkungen abgerungen, kann dies zu einem Klima führen, das es Lieferanten und auch Herstellern erschwert, im Rahmen von Konzeptwettbewerben in den Kooperationsmodus umzuschalten. Auch das vermeintlich kluge Abgreifen und Nutzen vieler Ideen von den Wettbewerbsteilnehmern – auch von den nicht zum Zuge kommenden Kandidaten – wird langfristig zur Senkung der Teilnahmebereitschaft fähiger Lieferanten an Wettbewerben dieses Herstellers führen. Die zu erzielenden Erfolge lassen in vielen Beschaffungsabteilungen diese betriebswirtschaftliche Methode als sehr attraktiv erscheinen. Es darf jedoch nicht übersehen werden, dass man für Vorbereitung und Durchführung des Konzeptwettbewerbs sorgfältig planen und einen erheblichen Aufwand einkalkulieren muss.

1 5 Beschaffungs- und logistikorientierte Portfolios

- *Problemstellung:* Planung von Beschaffungsoptionen und Erarbeitung von Beschaffungs- und Logistikstrategien
- *Zielgruppe:* Einkäufer, Risikomanager, Logistiker, Supply Chain Manager, Controller
- *Voraussetzungen:* Zugang zu allen beschaffungs- und logistikrelevanten Informationen

Zielsetzung der beschaffungs- und logistikorientierten Portfolios

Beschaffungs- und logistikorientierte Portfolios sollen Bewertungen, Entscheidungen und Planungen innerhalb des strategischen Beschaffungs- und Logistikmanagements fundieren. Beschaffungs- und logistikorientierte Portfolios unterstützen die mehr- beziehungsweise zweidimensionale Betrachtung unterschiedlicher Planungsgegenstände. Ferner erlauben sie durch ihre prägnante und eingängige Darstellung eine unkomplizierte Einbindung weiterer Experten in die Planungsaufgabe und eine unmissverständliche Kommunikation der Planungsergebnisse an andere Bereiche oder Hierarchieebenen. Die Zielrichtungen der verschiedenen Portfolios sind sehr unterschiedlich. Sie erstrecken sich unter anderem auf folgende Bereiche:

- Planung des Auftretens auf dem Beschaffungsmarkt,
- Untersuchung von aktuellen oder potenziellen Kooperationen im Bereich der Beschaffung und Logistik,
- Analyse der Logistikkostendimensionen,
- Prüfung der Strukturen in Lieferketten,
- Betrachtung von Risikosituationen,
- Evaluation der Lieferantenstruktur.

Die Portfolios bilden nur das Ergebnis eines umfassenden Analyse-, Bewertungs- und Planungsprozesses. Insofern verfolgt man mit ihnen auch das Ziel, den Analyse- und Planungsfokus der Organisationsmitglieder auf wesentliche Aspekte zu lenken, diese sowohl gründlich zu erfassen und zu validieren als auch kontinuierlich zu beobachten und immer wieder neu zu beurteilen.

Beschreibung der beschaffungs- und logistikorientierten Portfolios

Das *Einkaufsportfolio* zur Planung des Auftretens am Beschaffungsmarkt ist eine Methode zur Unterstützung der Beschaffungsstrategiewahl. Es enthält Merkmale zur Beschreibung des Beschaffungsmarktes und spannt die Dimensionen Nachfragemacht und Lieferantenmacht auf.[35] Dabei bezeichnet das Merkmal Nachfragemacht die eigene relative Machtposition. Die Lieferantenmacht zeigt die relative Stärke des Zulieferers wie in Abbildung 14 illustriert. Die Durchführung der Analyse wird pro Beschaffungsobjekt oder pro Materialgruppe vollzogen. So

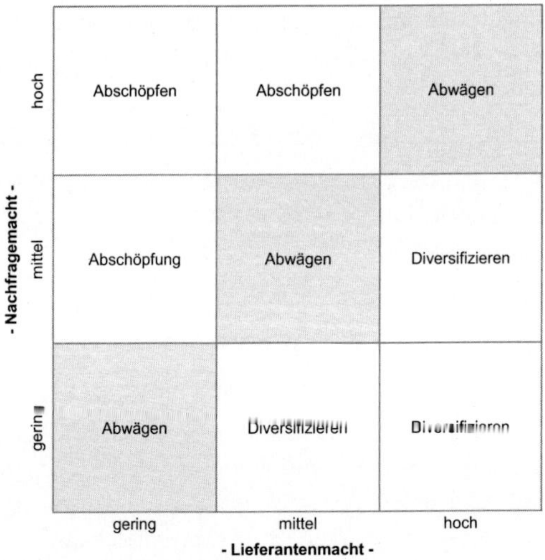

	gering	mittel	hoch
hoch	Abschöpfen	Abschöpfen	Abwägen
mittel	Abschöpfung	Abwägen	Diversifizieren
gering	Abwägen	Diversifizieren	Diversifizieren

- Nachfragemacht -

- Lieferantenmacht -

Abbildung 14: Einkaufsportfolio[36]

---

[35] Vergleiche Kraljic (1985, S. 11).

[36] Modifiziert nach Kraljic (1985, S. 11).

können sich für einzelne Objektklassen unterschiedliche Empfehlungen ergeben.[37] Nach der Einordnung der objektbezogenen Daten in das Portfolio kann man Empfehlungen für Normstrategien ableiten, die es dem Beschaffungsmanagement erleichtern sollen, eine konsequente strategische Ausrichtung zu finden. Der durch das Koordinatenkreuz aufgespannte Raum gliedert sich in drei Segmente:

- hohe Nachfragemacht/geringe Lieferantenmacht,
- geringe Nachfragemacht/hohe Lieferantenmacht,
- gleichlautende Ausprägung beider Dimensionen.

Bei hoher Nachfragemacht und geringer Lieferantenmacht werden typischerweise strategische Richtungen und Handlungen empfohlen, die auf das Einfordern von Vorteilen in der Nachfrager-Lieferantenbeziehung gerichtet sind, etwa in Form von Preisabschlägen oder abnehmergerechten Liefer- und Zahlungsbedingungen. Das fordernde Auftreten resultiert aus einem geringen Lieferrisiko, wobei man berücksichtigen sollte, dass die vorliegende Situation nicht statisch ist. Treten Nachfrager zu forsch auf, können Lieferanten die Tätigkeit in diesem Geschäftsfeld als unattraktiv einstufen, sich umorientieren und damit eine Situation schaffen, in der die Nachfragemacht des Abnehmers sinkt und die Lieferantenmacht der verbleibenden Lieferanten steigt. Derartige Aspekte sollte man im Blick haben, während man die Kräfteverhältnisse zugunsten des Abnehmers zu nutzen versucht.

Bei geringer Nachfragemacht und hoher Lieferantenmacht kommen häufig keine Verhandlungen zustande, in denen der Abnehmer seine Wünsche bezüglich der Kon-

---

[37] Vergleiche Schulte (2009, S. 280).

ditionen durchsetzen kann. Gelegentlich sind diese Fälle derart sensibel, dass Abnehmer um Lieferanten werben und sich selbst als attraktive Abnehmer präsentieren müssen, um überhaupt mit Lieferungen bedacht zu werden. Bei einigen Rohstoffen sind Vorräte temporär so knapp, dass Lieferanten auswählen können, an wen sie zu welchem Zeitpunkt liefern. Gelegentlich macht kleineren Abnehmern die Tatsache zu schaffen, dass seitens der Lieferanten Mindestabnahmemengen vorgegeben werden, die für den Abnehmer zu hoch angelegt sind und immense Lagerhaltungs- und Kapitalbindungskosten erzeugen würden. In derartigen Konstellationen können Abnehmer Kooperationen anstreben, um Bedarfe zu bündeln und um ihre Machtposition auszubauen. Ebenso erscheint es sinnvoll, durch Lieferantenförderung vonseiten der Abnehmer, gezielt Lieferanten aufzubauen, die bislang noch nicht in dem bearbeiteten Feld aktiv sind, aber das Potenzial zur Bearbeitung dieses Bereiches aufweisen. Dadurch kann man die hohe relative Macht der bisherigen Lieferanten unter Umständen senken. Auch die vermehrte Suche nach anderen Lieferanten – beispielsweise außerhalb des bisherigen Aktionsraumes, etwa in anderen Ländern oder auf anderen Kontinenten – oder das Erarbeiten alternativer technischer Lösungen, welche besagte Vorprodukte nicht mehr benötigen und damit eigene Bedarfe auf andere Beschaffungsmarktsegmente verlagern oder auch das Verbünden mit oder der Kauf von Lieferanten, stellen mögliche Reaktionsmuster dar. Bei gleichartiger Ausprägung beider Machtdimensionen erscheint ein ausgewogenes Vorgehen ratsam, welches vorsichtig tastend Aktionsräume auslotet, ohne durch aggressives Vorgehen Vergeltung zu provozieren.

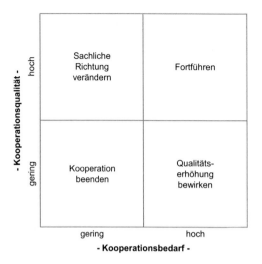

Abbildung 15: Kooperationsportfolio[38]

Das in Abbildung 15 dargestellte *Kooperationsportfolio* rückt die Optimierung von Partnerschaften in den Mittelpunkt – sei es in Form von Beschaffungs- oder Logistiknetzen – und zielt auf die Größen Kooperationsbedarf und Kooperationsqualität. Es unterstützt die Untersuchung, ob für unterschiedliche Klassen von Beschaffungsobjekten eine Einführung oder Fortführung von kooperativem Handeln geboten erscheint. Der Bedarf kann sich dabei aus der eigenen, geringen Machtposition am Beschaffungsmarkt oder aufgrund fehlender Zugänge zu Beschaffungsquellen ergeben. Die Kooperationsqualität bildet unter anderem Intensität und Reziprozität der Kooperation ab. Sind Bedarf und Qualität der Kooperation hoch, wird ein Fortführen der Partnerschaft angeraten. Sind beide Merk-

---

[38] Modifiziert nach Otto (2002, S. 303).

male gering ausgeprägt, ist die weitere Kooperation in der Regel nicht lohnend. Die für die Kooperation eingesetzten Ressourcen, zum Beispiel für Abstimmungsvorgänge, können an anderer Stelle unter Umständen mit höherem Nutzen eingesetzt werden. Bei geringer Ausprägung des Bedarfs, aber hoher Ausprägung der Qualität kann man den Versuch unternehmen, die sachliche Ausrichtung der Netzwerkaktivitäten in einen Bereich zu lenken, in dem intern höherer Kooperationsbedarf besteht. Gelingt dies nicht, dürfte eine weitere Kooperation trotz hoher Qualität nicht rational sein. Bei hohem Bedarf und geringer Kooperationsqualität sollte man auf die Veränderung der Qualität hinwirken. Diese könnte etwa durch das Einbringen anderer Koordinationsmechanismen, die Veränderung der Netzwerkkultur oder die Implementierung neuer Abstimmungsmechanismen und Kommunikationstechnologien beeinflusst werden.

Abbildung 16: Frachtkosten-Bestandskosten-Portfolio[39]

---

[39] Modifiziert nach Werner (2013, S. 260).

Das *Frachtkosten-Bestandskosten-Portfolio* zur Analyse der Logistikkosten visualisiert die Höhe von Frachtkosten und Bestandskosten – zwei wichtige Bestandteile der Logistikkosten. Diese in Abbildung 16 beschriebenen Aspekte stehen häufig in einer konfliktären Beziehung zueinander.[40]

Gelingt es, Frachtkosten zu senken, etwa durch Bündelung von zeitlich unterschiedlich anfallenden Bedarfen und durch eine damit verbundene Reduktion von Transportvorgängen, dann steigen die Lagerkosten in der Regel an, weil zu früh angeliefertes Material im Unternehmen gelagert werden muss. Wird demgegenüber die Senkung der Lagerkosten angestrebt, so führt dies üblicherweise zur Erhöhung der Bestellfrequenz und zur Verringerung der Bestellmenge. Häufige Lieferungen kleiner Mengen sind die Folge, wodurch Lagerkosten sinken, aber Transportkosten steigen. Die jeweiligen Veränderungen sind für gewöhnlich nicht gleich groß. Das heißt, die Senkung der Transportkosten kann beispielsweise höher ausfallen als der Anstieg der Lagerkosten. Das Frachtkosten-Bestandskosten-Portfolio versucht, diese Zusammenhänge abzubilden, eine Einordnung vorzunehmen und auch im Vergleich zu anderen Unternehmensstandorten aufzuzeigen, ob das Unternehmen bei der konkreten Ausgestaltung seiner Liefer- und Lagermengen einem Gesamtoptimum nahe ist. Dabei unterscheidet man typischerweise vier Bereiche: Best-Practice-Unternehmen, die im Allgemeinen in beiden Dimensionen geringe Kosten aufweisen. Just-in-time-Lover, die Bestandskosten minimieren und steigende Frachtkosten in Kauf nehmen. Den Security Fan, der Frachtkosten minimiert und Bestandskosten in großer Höhe akzeptiert sowie den Loser, der sowohl

---

[40] Vergleiche Werner (2013, S. 258).

bei Fracht- als auch bei Bestandkosten ein vergleichsweise hohes Niveau aufweist.[41] In der Praxis wird man den Best-Practice-Fall präferieren, wenngleich man diesen kurzfristig kaum erreichen kann. In Abhängigkeit vom Status quo eines Unternehmens sind Maßnahmen in die gewünschte Richtung einzuleiten. Operiert ein Unternehmen beispielsweise mit verderblichen Gütern, die einen unregelmäßigen Abgang aufweisen, dürfte das Just-in-time-Lover-Konzept vorteilhaft sein. Nutzt das Unternehmen Vorprodukte, für die eine geringe Versorgungssicherheit besteht, erscheint es besser, die Security-Fan-Position einzunehmen. Für beide gilt jedoch, dass sie durch Produktanpassung, Veränderung der Lieferantenstruktur oder durch eine Modifikation der Lieferkette die Best-Practice-Position anstreben sollten.

Das *Beanspruchungs-Belastungs-Portfolio* und die *Supply Chain Map* unterstützen die Strukturprüfung einer industriellen Lieferkette. Unternehmen versuchen, sich in Abnehmer-Lieferanten-Beziehungen stärker zu vernetzen, Informationen intensiver auszutauschen, gemeinsame Ziele zu entwerfen und einheitliche Steuerungsalgorithmen zu nutzen. Sie wollen dadurch beispielsweise schneller auf Veränderungen von Kundenpräferenzen reagieren, die Lieferleistung erhöhen und Bestandskosten senken. Zu diesem Zweck formen sie Lieferketten beziehungsweise so genannte Supply Chains, die sie nach vereinbartem Muster steuern. Das Bild der Lieferkette verdeutlicht, dass die Leistungsfähigkeit der Gesamtkette wesentlich von der Leistungsfähigkeit seiner schwächsten Mitglieder bestimmt wird. In der Supply Chain Map werden die Verknüpfungen zwischen den Kettengliedern visualisiert. Im Beanspruchungs-Belastungs-Portfolio erfolgt die Einord-

---

[41] Vergleiche Werner (2013, S. 260).

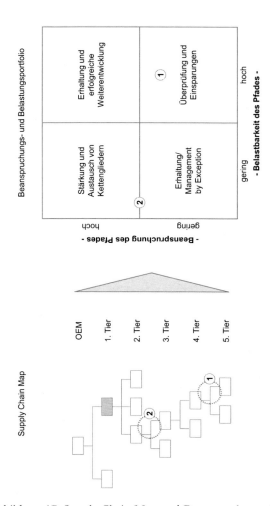

Abbildung 17: Supply Chain Map und Beanspruchungs-Belastungs-Portfolio[42]

---

[42] Modifiziert nach Bacher (2004, S. 179).

nung jeder Beziehung, also jeder Koppelstelle beziehungsweise jedes Kettengliedes hinsichtlich der beiden Merkmale Beanspruchung und Belastbarkeit.[43] Die Belastbarkeit stellt eine Potenzialgröße dar und zeigt, wie stark diese Stelle der Lieferkette ist. Die Beanspruchung verdeutlicht, welche Nutzung dieses Kettenbereiches in der Realität gegeben ist.

Durch die in Abbildung 17 dargestellte Skalierung „gering" und „hoch" beider Achsen ergibt sich die für Portfolios typische quadrantenartige Struktur. Sind beide Dimensionen etwa gleich ausgeprägt, wird von einer situationsgerechten Dimensionierung der Kette ausgegangen. Sind beide Merkmale unterschiedlich ausgeprägt, kann man Veränderungsmöglichkeiten ableiten. Sind in einem Kettenabschnitt hohe Beanspruchung und geringe Belastbarkeit kombiniert, stellt dieser Bereich ein erhebliches Risiko für die gesamte Kette dar. An dieser Stelle sollte man die Verstärkung des Kettengliedes forcieren – etwa durch Lieferantenförderung oder indem man den schwachen Partner durch einen neuen Lieferanten ersetzt. Sind andere Koppelstellen stark belastbar, allerdings nur wenig beansprucht, sollte man prüfen, ob man hier durch Abspecken Kostensenkungen realisieren kann.

Innerhalb des Beschaffungs- und Logistikmanagements nimmt die Analyse und Steuerung von Risiken breiten Raum ein. Unternehmen nutzen Beschaffungsquellen – auch wenn diese weit entfernt liegen –, um sicher versorgt zu werden. Sie benötigen Rohstoffe und Vorprodukte zur Herstellung ihrer Erzeugnisse. Bleiben Lieferungen aus, kann die Produktion nicht erfolgen, und es entsteht erheblicher Schaden. Daher werden in Beschaffung und Logistik auch *Risikoportfolios* eingesetzt. Das Risikoportfolio

---

[43] Vergleiche Kaufmann & Germer (2001, S. 184 ff).

zerlegt Risiken in die beiden wesentlichen Beschreibungsgrößen: Schadenshöhe und Eintrittswahrscheinlichkeit.[44] Durch die multiplikative Verknüpfung beider Größen kann man die Risikohöhe ermitteln. Die Zerlegung von Risiken in die relevanten Bestandteile erlaubt es Akteuren, gezielt auf die Parameter einzuwirken und damit die Risikohöhe zu beeinflussen. Zur Bestimmung der Parameterausprägung sind umfassende Analysen erforderlich. So muss man beispielsweise prüfen, wie wahrscheinlich es ist, dass ein Vorprodukt eines asiatischen Lieferanten nicht zum geplanten Zeitpunkt verfügbar sein wird. Beeinflussende Faktoren können die Lieferleistung des Lieferanten, die Unwägbarkeiten des Seeverkehrs, die (Un-)Zuverlässigkeit der Verlader und der Landtransport sein. Überall kann es zu Verzögerungen, Beschädigungen oder gar zum Verlust der Ware kommen. Insofern sollte man präzise Wahrscheinlichkeiten ermitteln. Die Schadenshöhe wird beispielsweise durch etwaige Produktionsausfälle, zu zahlende Vertragsstrafen des Produzenten an dessen Kunden und Mehraufwendungen bei Nutzung alternativer Versorgungsquellen bestimmt.

Aus dem in Abbildung 18 dargestellten *Risikoportfolio* können erneut Normstrategien für unterschiedliche Risikoklassen abgeleitet werden. Für Risiken mit geringer Schadenshöhe und geringer Eintrittswahrscheinlichkeit wird häufig das Tragen der Risiken empfohlen. Sie treten vermutlich selten auf, und der Schaden ist gering und nicht existenzbedrohend. Risiken mit großer Schadenshöhe und hoher Eintrittswahrscheinlichkeit stellen demgegenüber eine Bedrohung für das Unternehmen dar. In diesen Fällen besteht akuter Handlungsbedarf. Unternehmen sollten Möglichkeiten prüfen, um die Risiken zu vermei-

---

[44] Vergleiche zur Risk Map Schulte (2009, S. 697 f).

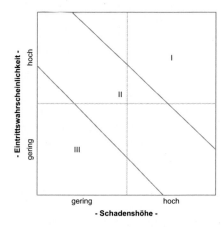

Abbildung 18: Risikoportfolio

den oder abzuschwächen. Vermeidung könnte etwa durch einen Wechsel des Lieferanten oder durch Eigenfertigung der Vorprodukte oder durch einen Aufbau weiterer Bezugsquellen erfolgen. Bestehen diese Möglichkeiten nicht, wäre eine Abschwächung des Risikos durch das Vorhalten höherer Sicherheitsbestände im Lager erreichbar. Mittlere Risiken ergeben sich, wenn beide Parameter durchschnittlich oder wenn ein Parameter hoch und der andere gering ausgeprägt ist. In diesen Fällen wird ein Überwälzen der Risiken empfohlen. Die Versicherung von Risiken stellt zum Beispiel ein derartiges Überwälzen dar. Allerdings erscheint es häufig geboten, Möglichkeiten der Risikobeeinflussung zu initiieren. In der Regel bestehen Möglichkeiten, auf Eintrittswahrscheinlichkeit und Schadenshöhe einzuwirken.

Auch die Materialstruktur beeinflusst die Vorgehensweise des Beschaffungsmanagements. *Materialstrukturportfolios* geben Hinweise für situationsgerechte Beschaffungstakti-

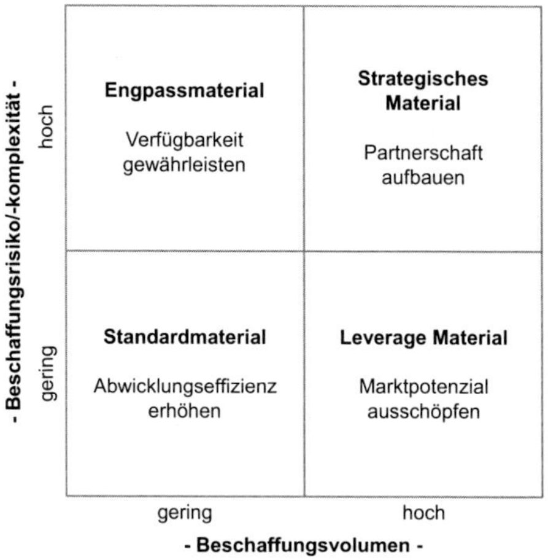

		Engpassmaterial	Strategisches Material
- Beschaffungsrisiko/-komplexität -	**hoch**	Verfügbarkeit gewährleisten	Partnerschaft aufbauen
	gering	Standardmaterial Abwicklungseffizienz erhöhen	Leverage Material Marktpotenzial ausschöpfen
		gering	hoch

- Beschaffungsvolumen -

Abbildung 19: Materialstrukturportfolio[45]

ken. In ihnen werden wie in Abbildung 19 aufgeführt die benötigten Rohstoffe und Vorprodukte nach Beschaffungsvolumen und Beschaffungsrisiko beziehungsweise Beschaffungskomplexität geordnet. Das Beschaffungsvolumen umschreibt dabei den monetären Wert der Materialien. Standardmaterialien, die in die Gruppe geringes Beschaffungsvolumen und geringes Beschaffungsrisiko fallen, sollten durch sehr aufwandsarme Prozesse wie die Bestellabwicklung über Online-Kataloge eingekauft werden. Bei hoher Ausprägung beider Dimensionen sollte man die Abnehmer-Lieferanten-Beziehung durch Lieferkettenoptimierung oder durch gemeinsame Entwicklungen für die strategischen Materialien stärken. Für Engpassmaterialien mit hohem Risiko und geringem Beschaffungsvolumen empfiehlt das Portfolio, die Senkung der Versorgungsrisi-

---

[45] Modifiziert nach Arnold (2004, S. 95).

ken anzustreben. Mit Blick auf die so genannten Hebel-
materialien mit hohem Beschaffungsvolumen und geringem Versorgungsrisiko sollte man das Marktpotenzial ausschöpfen und durch Beschaffungspreisoptimierung und
Auktionen die für den Abnehmer günstige Lage nutzen.

Lieferantenportfolios gliedern sich ebenfalls – wie Materialstrukturportfolios – nach Beschaffungsvolumen und Versorgungsrisiko. Sie unterscheiden nicht nach einzelnen
Materialien, sondern nutzen eine Lieferantensicht.[46] Ihr
Vorgehen wird im Folgenden stellvertretend für die beschriebenen beschaffungs- und logistikorientierten Portfolios erörtert.

Anwendungsbereich und Anwendungsprozess

Das Beschaffungsmanagement hat die Aufgabe, Beschaffungsstrategien zu entwickeln, auszuwählen und umzuset-
zen. Beschaffungsstrategien beschreiben die Leitplanken,
die den Akteuren einen handlungsleitenden, aber flexiblen
Rahmen vorgeben, um angestrebte Beschaffungsziele zu
erreichen. Beschaffungsstrategien sind in mehreren Dimensionen zu bestimmen. Gemäß eines in der Unternehmenspraxis vielfach genutzten Grundansatzes, umfassen
Beschaffungsstrategien folgende Dimensionen:

- Träger der Wertschöpfung (Make or Buy: Eigenerstel-
lung oder Fremdbezug),
- Anzahl der Bezugsquellen (Single, Double oder Mul-
tiple Sourcing),
- Komplexität des Inputs (Unit Sourcing oder Modular
Sourcing),

---

[46] Die Verknüpfung von Materialstruktur- und Lieferantenportfolio unterstützt die Bildung von Beschaffungsstrategien (vergleiche dazu Essig 2008, S. 65).

- Bereitstellungsart (Stock Sourcing oder Just-in-Time-Sourcing),
- Größe des Marktraumes (Local, Domestic oder Global Sourcing).

Unternehmen müssen für jede dieser Strategieebenen entscheiden, welchem strategischen Muster sie folgen wollen. Allerdings ist es nicht erforderlich, pro Ebene unternehmensweit nur eine Strategie zu nutzen – diese kann in Abhängigkeit bestimmter Merkmale variieren. So ist es üblich, die Strategien für die jeweiligen Materialgruppen zu konfigurieren. Das *Lieferantenportfolio* unterstützt eine lieferantenindividuelle Strategiewahl.

In einem ersten Schritt werden die Beschaffungsmaterialien und Beschaffungsvolumina erfasst, den Lieferanten zugewiesen und die Versorgungsrisiken bestimmt. Danach kann man durch eine Verknüpfung der Daten und deren integrative Beurteilung die lieferantenorientierte Strategiewahl vornehmen. Während die ersten beiden Aspekte in der Regel problemlos erfassbar sind, bereitet die Bestimmung des Versorgungsrisikos in der Praxis gelegentlich Probleme. Die Ermittlung der Risikohöhe ist meist nicht auf Exaktheit angelegt, sondern soll ein Gespür für die Größenordnung der bestehenden Risiken geben. Von einer rein intuitiven Globalschätzung ist jedoch abzuraten. Das Aufgliedern der Risiken in Schadenshöhe und Eintrittswahrscheinlichkeit und die an der Realität und an Erfahrungswerten orientierten Schätzungen der einzelnen Bestandteile für jedes Risiko führen meist zu realistischen Risikowerten. Bei der Schätzung der Risiken sollte man auch – sofern vorhanden – Daten der Lieferantenbewertung und Ergebnisse von Lieferantenaudits berücksichtigen. Abbildung 20 zeigt die Aufteilung aller Lieferanten in vier Gruppen und die zu jeder Gruppe ge-

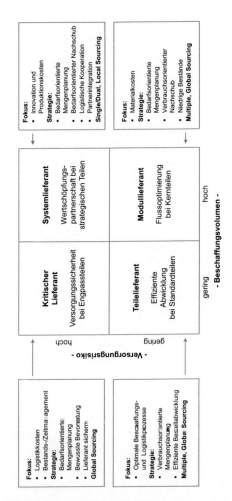

Abbildung 20: Lieferantenportfolio mit Strategieempfehlungen[47]

---

[47] Arnold (2004, S. 102).

hörende Normstrategie des Lieferantenportfolios. Hieraus können sich Impulse für Anpassungen in der Lieferantenstruktur oder zur Förderung einzelner Lieferanten ergeben.

Weiterführende Hinweise

Portfolios sollen Komplexität in Entscheidungssituationen reduzieren. Sie wollen von eindimensionalen Entscheidungsverfahren wegleiten, andererseits die Multidimensionalität durch Zusammenfassung vieler Subkriterien begrenzen und die Vorgehensweise durch die Beschränkung auf Kernaspekte handhabbar machen. Das eine, empfehlenswerte beschaffungs- und logistikorientierte Portfolio existiert indes nicht. Vielmehr haben sich Variationen herausgebildet, die jeweils einen anderen Schwerpunkt setzen. Insofern muss man in der betrieblichen Praxis das für die jeweilige Situation oder für einen speziellen Aufgabenzuschnitt einer Beschaffungs- oder Logistikabteilung passende Portfolio auswählen oder auch mehrere Portfolios parallel anwenden, um eine ausgewogene Entscheidungsunterstützung zu erreichen. Aus einem Portfolio lassen sich nur Anregungen für die Strategiewahl entnehmen – abnehmen kann und soll es dem Manager die Entscheidung nicht. Einer falschen Methodenhörigkeit sollte im betrieblichen Alltag entgegengetreten werden. Denn die Aussagekraft der Strategieempfehlungen ist begrenzt – vor allem, wenn eingeordnete Objekte dicht an der Grenze eines Sektors liegen, das Portfolio nicht alle entscheidungsrelevanten Dimensionen abbildet oder die Einordung auf nur wenigen belastbaren Daten basiert.

1.6   ABC-/XYZ-Analyse

■ *Problemstellung:* Senkung von Lagerkosten, Entwicklung einer adäquaten Bestellstrategie und Sicherung der Versorgung von Unternehmen

■ *Zielgruppe:* Einkäufer, Lagerleiter, Produktionsleiter, Logistiker, Materialgruppenmanager

■ *Voraussetzungen:* Möglichkeiten zur Erfassung und Prognose von Materialwerten und Verbrauchsbedingungen

Zielsetzung der ABC-/XYZ-Analyse

Die ABC-/XYZ-Analyse wird innerhalb der Materialwirtschaft unter anderem zur Lageroptimierung und zur Wahl geeigneter Bestellstrategien für nicht selbst erzeugte Objekte genutzt. Sie kommt auch immer dann zum Einsatz – häufig im Verbund mit anderen Methoden –, wenn es gilt, die Summe aus Lager- und Frachtkosten zu minimieren. Lagerbestände von zu verarbeitenden Vormaterialien weisen einige Vorteile auf. Besitzen Hersteller diese, können sie beispielsweise sehr flexibel unterschiedliche Fertigungsaufträge erfüllen und zeitnah ihre Kunden beliefern. Allerdings verursachen hohe Bestände auch Lagerkosten wie Miete oder Abschreibungen. Zu nennen sind auch Betriebskosten, Personalkosten, Kosten für die Lagerinfrastruktur und die Kapitalbindung. Kapitalbindung bedeutet, dass Geld in Sachgütern gebunden ist und somit nicht anderweitig Einsatz finden und keine Erträge erwirtschaften kann. Möglicherweise muss man auf dieses Kapital noch Zinszahlungen an den Kapitalgeber leisten. Unternehmen sind daher bemüht, ihre Bestände so weit wie möglich abzusenken und alternative Belieferungskonzepte wie Just in time zu nutzen. Mit Hilfe der ABC-/XYZ-Analyse versucht man herauszufinden, für welche Materialien welche Beschaffungsart und welcher Lagerumfang angestrebt werden soll.

Beschreibung der ABC-/XYZ-Analyse

Die ABC-/XYZ-Analyse ist eine Kategorisierungsmethode. Die Kategorisierung schafft Vergleichsmaßstäbe und Transparenz und unterstützt das Finden von Rationalisierungsschwerpunkten. Die Methode untergliedert einerseits in A-, B- und C-Materialien und andererseits in X-, Y- und Z-Materialien. Innerhalb einer Kategorisierungsdimension kann jedes Material genau einer Gruppe zugewiesen werden. Ein Material kann also nur A-, B- oder C-Material sein. In der zweiten Dimension wird das gleiche Material – quasi durch eine andere Brille betrachtet – genau einer der Gruppen X, Y oder Z zugewiesen. Diese Zuweisung ist unternehmens- oder betriebsstättenbezogen und nicht universell. Das gleiche Material kann demnach in einem Unternehmen zum X-Material, in einem anderen zum Z-Material gehören.

Die *ABC-Kategorisierung* erfolgt durch Ordnung nach den Kriterien Wert des Materials und Menge oder Volumen des Materials. Die Angabe von Wert- und Mengengrenzen, welche die Klassengrenzen vorschreiben, differieren in der Literatur und Unternehmenspraxis stark. A-Teile weisen einen geringen Mengen-, aber einen hohen Wertanteil auf – sie verursachen dadurch eine hohe Kapitalbindung. Etwa 20 Prozent der Materialien umfassen rund 70 Prozent des Gesamtmaterialwertes.[48] B-Teile haben bei mittlerem mengenmäßigen Anteil auch einen mittleren Wertanteil, und C-Teile verfügen bei hohem mengen-

---

[48] Vergleiche Günther & Tempelmeier (2005, S. 177 f).

mäßigen Anteil nur über einen äußerst geringen Wertanteil, wie aus Abbildung 21 ersichtlich.[49] Bezogen auf ein Traktorenwerk könnte dies bedeuten, dass wenige Vorprodukte wie beispielsweise Motoren – denn jeder Traktor benötigt davon nur einen – einen hohen Wert ausmachen und daher A-Teile wären. Demgegenüber weisen viele Verbindungselemente wie Schrauben oder Nieten – von denen im Vergleich zu Motoren ungleich mehr in die Produktion eingehen – nur einen geringen Wert auf und bilden deshalb C-Teile.

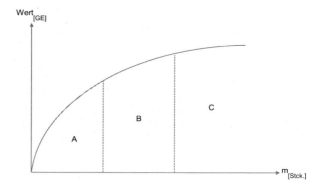

Abbildung 21: Abgrenzung von A-, B- und C-Materialien

Die *XYZ-Kategorisierung*, früher häufig als RSU-Analyse bezeichnet, gliedert die Materialien nach der Regelmäßigkeit ihres Verbrauchs. X-Materialien werden regelmäßig benötigt, Y-Materialien weisen einen schwankenden Bedarf auf und Z-Materialien sind durch einen unregelmäßigen Verbrauch gekennzeichnet.[50] Daraus resultiert auch

---

[49] Vergleiche Fortmann & Kallweit (2000, S. 37).

[50] Vergleiche Schulte (2009, S. 311 f).

eine unterschiedliche Vorhersagbarkeit. Ist der Bedarf an
X-Gütern gut prognostizierbar, so ist dies für Z-Güter
nur sehr schwer möglich. Beide Kategorisierungsansätze
sind in der ABC-/XYZ-Analyse miteinander verzahnt.
Diese weist unter Umständen folgende Güterkategorien
aus: AX, AY, AZ, BX, BY, BZ, CX, CY, CZ. Für die unterschiedlichen Materialklassen ergeben sich verschieden-
artige Beschaffungs- und Lagerhaltungsempfehlungen,
die in Abbildung 22 dargestellt sind.

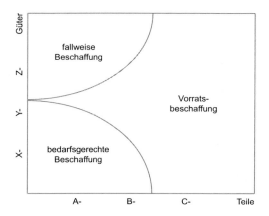

Abbildung 22: Beschaffungshinweise aus der ABC-/XYZ-
Analyse[51]

CZ-Materialien mit hohem Mengen- aber geringem Wertanteil und unregelmäßigem Verbrauch sollten eingelagert
werden. Sie weisen einen geringen Wert auf, woraus eine
nur marginale Kapitalbindung resultiert. Es handelt sich
in der Regel um Kleinteile, daher beanspruchen sie nur
wenig Lagerplatz. Sie sind hinsichtlich ihres Bedarfs

---

[51] Modifiziert nach Werner (2013, S. 235).

schlecht vorhersagbar, werden möglicherweise unerwartet benötigt und würden bei Beschaffung im Bedarfsfall und bei nicht sofortiger Verfügbarkeit möglicherweise den Produktionsprozess verzögern und vergleichsweise hohe Transportkosten erzeugen. AX-Materialien hingegen sollten bedarfsgerecht beschafft werden. Sie weisen einen hohen Wert auf und verursachen bei Lagerung hohe Kapitalbindung. Bei Beschaffung im Bedarfsfall kann diese umgangen werden. Ferner ist – selbst bei lieferantenseitig längeren Lieferzeiten – durch die gute Vorhersagbarkeit des Bedarfs und der damit verbundenen Möglichkeit der frühzeitigen Bestellung auch eine punktgenaue Anlieferung zum Verbrauchstermin realisierbar.

Anwendungsbereich und Anwendungsprozess

Die ABC-/XYZ-Analyse ist eine Methode des Beschaffungsmanagements und der Materialwirtschaft und wird primär zur Anpassung von Lagerbeständen eingesetzt. Die Kategorisierungslogik der ABC-Analyse ist so eingängig, gut handhabbar und attraktiv, dass sie auch in anderen betriebswirtschaftlichen Bereichen und unternehmerischen Funktionen zum Einsatz kommt. So nutzen beispielsweise auch Marketing und Vertrieb eine ABC-Einteilung der im Produktprogramm befindlichen Produkte gemäß folgender Logik: Mengenmäßig wenige Produkte erzeugen einen großen Teil des Umsatzes (A-Produkte), und mengenmäßig viele Produkte realisieren nur einen geringen Teil des Gesamtumsatzes (C-Produkte).[52] Diese absatzmarktbezogene ABC-Logik wirkt aber in der Regel

---

[52] Die Logik kann man sowohl auf Produkte als auch auf Kunden beziehen, im Sinne von: Wenige Kunden verantworten einen großen Teil des Umsatzes (vergleiche Esch, Herrmann & Sattler 2008, S. 401 f). Zur ABC-Analyse im Bereich des Marketings siehe Nagel & Mieke (2014a und 2014b).

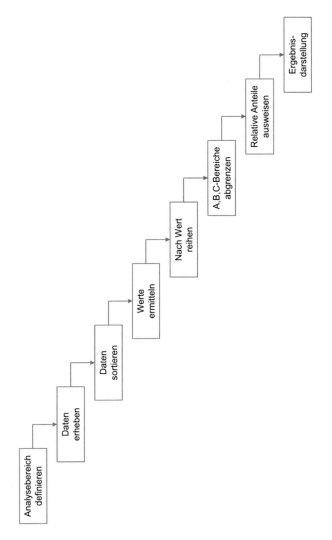

Abbildung 23: Schritte der ABC-/XYZ-Analyse

nicht auf die Materialwirtschaft. Die Durchführung der materialwirtschaftlichen ABC-/XYZ-Analyse umfasst die in Abbildung 23 aufgeführten acht Schritte.

Bei der Festlegung des Analyseobjektes wird der Untersuchungsbereich abgegrenzt: Wird die ABC-Analyse für einen Lagerstandort, eine Produktlinie oder einen Geschäftsbereich, eine Fabrik oder ein ganzes Unternehmen durchgeführt? Danach erfasst man Daten. Für jede Artikelnummer werden Mengen-, Einkaufspreis- und Verbrauchsangaben ermittelt. In der Regel ist dies mit Hilfe der zur Verfügung stehenden ERP-Systeme unkompliziert möglich, gelegentlich müssen aber Datenverknüpfungen organisiert beziehungsweise Schnittstellen zwischen den Systemen geschaffen werden. Etwa dann, wenn verschiedene Standorte unterschiedliche Artikelnummern für das gleiche Vormaterial nutzen oder separate Rechnersysteme in Verwendung sind. Danach errechnet man die Wertgrößen durch Multiplikation von Menge und Einkaufspreis pro Vorprodukt, es sei denn, diese Daten werden durch das ERP-System automatisiert bereitgestellt. Anschließend erfolgt die Sortierung der Vorprodukte nach ihrem Wert, die Untergliederung in A-, B- und C-Materialien, die Berechnung der relativen Anteile der gebildeten Kategorien am Gesamtwert und die abschließende Erarbeitung einer Gesamtübersicht in Form einer Tabelle oder einer Grafik, wie sie Abbildung 21 enthält.

Weiterführende Hinweise

Die ABC-/XYZ-Analyse ist ein *robustes Verfahren zur Lageroptimierung*, auch wenn man weitere Kriterien berücksichtigen kann, wozu im Einzelfall auch geraten wird. Dennoch schärft die Methode den Blick für die wesentlichen Dimensionen und ist ohne großen Aufwand durchführbar. Die Praxis zeigt allerdings auch, dass die Verwendung von ABC-Kategorisierungen in verschiedenen betriebswirtschaftlichen Funktionsbereichen und Disziplinen Verwirrung stiftet. So gibt es Unternehmen, die ihre abzusetzenden Produkte nach ABC-Produkten gliedern und anschließend – in der Annahme, die ABC-Analyse würde automatisch zur Lageroptimierung führen – alle Materialien, die in A-Endprodukte eingehen, als A-Materialien einstufen und alle Materialien, die in C-Produkte eingehen, als C-Materialien klassifizieren. Darauf aufbauend wird die aus Marketingsicht möglicherweise erfreuliche Direktive ausgegeben, alle A-Materialien ständig im Lager vorzuhalten, um somit bei den eigenen Star-Produkten stets lieferfähig zu sein. Diese Strategie führt unweigerlich zu hohen Lager- und hohen Kapitalbindungskosten. Sie verursacht ferner Lieferprobleme bei C-Produkten, die bislang noch nicht zu hohen Umsätzen beitragen, weil es sich gegebenenfalls um neue, innovative und erst noch zu etablierende Produkte handelt. Eine wachsende Verankerung im Markt dürfte durch Lieferengpässe jedoch behindert werden. Es ist insofern wichtig, die ABC-/XYZ-Analyse richtig anzuwenden, da sie ansonsten keinen Nutzen stiftet und im Worst Case sogar Schaden hervorrufen kann.

Schließlich sollte man in der betrieblichen Praxis darauf achten, die ABC-/XYZ-Kategorisierung nicht nur einmalig durchzuführen und die Ergebnisse fortzuschreiben. Vielmehr sollte sie permanent mitlaufen, um sowohl Verschiebungen in der Nachfrage nach Materialien zu verdeutlichen als auch um eine situationsadäquate Lagerhaltung zu gewährleisten. Die Festlegung der Lagerhaltungs- und Bestellstrategie ist für einzelne Materialien jedoch nicht automatisierbar. Manuelle Korrekturen und Eingriffe sind dann erforderlich, wenn neu einzuführende Produkte gefertigt werden, für die noch keine Ver-

brauchswerte vorliegen. Allerdings sollte die Korrektur-
notwendigkeit nicht als Einfallstor für willkürliche Mani-
pulationen der ABC-/XYZ-Analyse und ihrer Empfehlungen dienen.

1.7   Konsignationslager

- *Problemstellung:* Sicherung hoher Versorgungssi-
cherheit bei niedrigen Lagerhaltungskosten auf
Seiten des Warenabnehmers
- *Zielgruppe:* Logistiker, Einkäufer, Materialwirt-
schaftler, Supply Chain Manager, Geschäftsführer,
Produktionsleiter, Fabrikplaner
- *Voraussetzungen:* Ausreichend Lagerplatz am Ort
des Abnehmers

Zielsetzung der Konsignationslager

Unternehmen stellen darauf ab, Lagerbestände zu reduzieren, um Lager- und Kapitalbindungskosten gering zu
halten. Andererseits wollen sie das benötigte Material zum
Bedarfszeitpunkt verfügbar haben. In einigen Lieferketten erweist sich die zeitpunktgenaue Belieferung als anfäl-
lig, und verspätet eintreffende Lieferungen können Pro-
duktionsstillstände verursachen. Diese Situation versuchen Unternehmen zu vermeiden. Das Konsignationslager bietet die Möglichkeit, beide Anforderungen zu ver-
binden: *hohe Materialverfügbarkeit* und *minimale Lagerkosten*.
Es verschafft dem Verarbeiter von Vormaterialien Sicher-
heit bezüglich des Vorhandenseins von Material, vermei-
det teure Sondertransporte und stärkt den Kooperations-
grad zwischen Lieferant und Hersteller. Zudem bietet es

Lieferanten die Chance, Kundenbeziehungen zu intensivieren und die Kundenbindung zu erhöhen.

Beschreibung der Konsignationslager

Konsignationslager sind echte Lager. Das heißt, anders als bei Cross Docking-Stationen, in denen primär das Kommissionieren realisiert wird, erfüllen Konsignationslager eine reale Lagerungsfunktion. Daher entstehen in diesem Fall auch Lager- und Kapitalbindungskosten. Die Besonderheit ist, dass die Lager- und Kapitalbindungskosten für Vorprodukte nicht beim Hersteller auftreten, der die Vorprodukte weiterverarbeitet, obgleich dieser jederzeit auf das Lager zugreifen kann. Diese für den Hersteller vorteilhafte Situation ergibt sich dadurch, dass der Lieferant zum Aufbau und Betrieb eines Lagers auf dem Werksgelände des Herstellers motiviert wird. Das heißt, der Zulieferer fertigt Vorprodukte, transportiert diese zur Betriebsstätte des Herstellers und lagert sie dort ein, während der Hersteller bei Bedarf dieses Lager nutzt und die benötigten Vorprodukte entnimmt. Erst durch die Entnahme wird ein Kauf realisiert, in dessen Folge der Hersteller die entsprechende Rechnung begleichen muss. Der Vorteil dieser Methode ist darin zu sehen, dass der Hersteller jederzeit benötigte Vorprodukte im Lager sehen kann, sie aber erst bei Entnahme bezahlt. Lagerort- und Eigentumsübergang fallen insofern auseinander: Die Ware ist beim Hersteller, aber er bezahlt sie erst bei Nutzung.[53]

Anwendungsbereich und Anwendungsprozess

Konsignationslager kommen vorwiegend in industriellen Lieferketten zwischen Produzenten verschiedener Wertschöpfungsstufen zum Einsatz und erfreuen sich zunehmender Beliebtheit. Für Hersteller liegen die Vorteile auf

---

[53] Vergleiche Koch (2012, S. 130).

der Hand. Diese vermeiden durch den verzögerten Eigentumsübergang eine hohe Kapitalbindung,[54] während das Bestandsrisiko der Lieferant trägt.[55] Durch die Lagerung des Materials auf seinem Werksgelände profitiert der Hersteller als Materialempfänger von höherer Versorgungssicherheit. Ferner ermöglicht der schnelle Zugriff auf das Material dem Produzenten, kurzfristige Modifikationen des Produktionsplanes vorzunehmen und somit Vorteile hinsichtlich Rüstzeitminimierung und Durchlaufzeitverkürzung zu realisieren.

Anfangs vornehmlich durch Druck des meist mächtigeren Herstellers zur Einrichtung von Konsignationslagern gezwungen, sehen aber auch Lieferanten zunehmend Vorteile in diesem Ansatz. So können sie die Lagerhaltung am eigenen Produktionsstandort reduzieren und auf den Erwerb weiterer Grundstücke und die Ausweitung von Lagerkapazitäten verzichten. Gerade für kleine und mittelständische Unternehmen, die sich in vollständig bebauten Mischgebieten befinden, erweist sich dieser Aspekt als Vorteil. Durch die Lagerungsmöglichkeit des Lieferanten beim Hersteller muss der Lieferant nicht mehr einzelauftragsbezogen produzieren. Er kann größere Produktionslose auflegen und dadurch Größenvorteile in der Produktion nutzen, welche die entstehenden Lagerkosten unter Umständen überkompensieren.[56] Schließlich kann das Abschöpfen eines Aufgeldes für den erhöhten Servicegrad für den Hersteller wirtschaftlich interessant sein. Den Ablauf in einem Konsignationslager illustriert Abbildung 24.

---

[54] Konsignationslager zählen zu den erfolgreichsten logistischen Maßnahmen (vergleiche dazu die Studienergebnisse bei Göpfert & Braun 2012, S. 34).

[55] Vergleiche Heß (2008, S. 58).

[56] Auch der entstehende Kundenbindungseffekt ist nicht zu unterschätzen (vergleiche Koch 2012, S. 130).

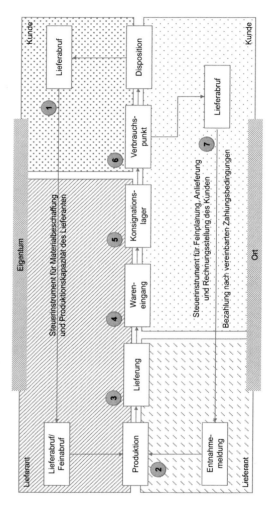

Abbildung 24: Abläufe in einem Konsignationslager[57]

---

[57] Modifiziert nach Werner (2013, S. 250).

Hersteller sollten die Einrichtung eines Konsignationslagers in Betracht ziehen, wenn sie mit langen Versor-
gungswegen, anfälligen Lieferketten und hohen Lagerkosten konfrontiert sind. Allerdings empfiehlt sich eine Abstimmung mit den Lieferanten. Eine auf Druck des Herstellers basierende Errichtung von Konsignationslagern
durch die Lieferanten kann zwar kurzfristig die erhofften
Erfolge erzeugen, aber langfristig die Beziehung zwischen
Hersteller und Lieferant belasten. Da sich Lieferanten immer häufiger zu Produktions- und Innovationspartnern
wandeln, kann ein zu dominantes und auf einseitige Vor-
teilsnahme bedachtes Handeln zur Schmälerung der In-
novationsleistung und zu einer Verschlechterung der Ge-
samtleistung führen.

Weiterführende Hinweise

Konsignationslager sollen zur Erhöhung der Versorgungssicherheit und zur Senkung von Kosten beim Hersteller führen. Dabei sollte man beachten, dass die Kostensenkungen in der Regel nicht im theoretisch ermittelten Umfang eintreten. Der Hersteller wird dem Lieferanten für das Betreiben des Konsignationslagers ein Entgelt
entrichten müssen. Wenn die entsprechenden Zahlungen
nicht direkt erfolgen, werden die Kosten vermutlich auf
die zu beschaffenden Vorprodukte umgelegt, wodurch
sich der Beschaffungspreis der einzukaufenden Komponenten erhöht. Dies muss jedoch kein Nullsummenspiel
sein. Aus den genannten Gründen können sich tatsächlich
Kostensenkungen ergeben, die beiden Partnern Vorteile
versprechen. Die isolierte Betrachtung des Konsignationslagers als rein logistisches Instrument ist von seiner
Anlage her möglich, allerdings sollte die Wirkung eines
aufgezwängten Konsignationslagers nicht unterschätzt
werden. Nutzen starke Hersteller ihre Macht zu einseitig,

kann dies zu Ausweichmanövern der Lieferanten in andere Branchen oder zu anderen Kunden führen. Gerade bei innovationsstarken Systemlieferanten erscheint die Erarbeitung gemeinsamer Vorgehensweisen geboten. Ungeachtet dessen sollten Hersteller natürlich bestrebt sein, ihre Vormachtstellung zur Erhöhung der Gesamteffizienz in einer Lieferkette zu nutzen.

1.8   Just in time

- *Problemstellung:* Erreichen einer Situation mit geringen Vormateriallagerkosten und hoher Lieferflexibilität
- *Zielgruppe:* Produktionsleiter, Einkäufer, Logistiker, Supply Chain Manager, Risikomanager
- *Voraussetzungen:* Just-in-time-fähige Produktionsanlagen, just-in-time-fähige Lieferanten und geringe örtliche Distanz zwischen Lieferant und Abnehmer

Zielsetzung des Just in time

Just in time, häufig mit JIT abgekürzt, ist eine prominente Form der produktionssynchronen Beschaffung.[58] Hersteller wollen Bestände werthaltiger Güter gering halten, um keine hohe Kapitalbindung tragen zu müssen. Andererseits wollen sie den Aufwand von Einzelbeschaffungen im Bedarfsfall, damit einhergehende Mehrkosten und Planungsaufwendungen sowie Unsicherheiten reduzieren. An diesem Punkt setzt die Methode der produktionssyn-

---

[58] Vergleiche Koch (2012, S. 132 f) und Heß (2008, S. 233).

chronen Beschaffung an. Diese beinhaltet längerfristige Verträge zwischen Lieferant und Hersteller über die Belieferung mit spezifizierten Materialien und die bedarfsbeziehungsweise termingerechte Belieferung des Herstellers durch den Lieferanten. Der Materialbedarf in der Produktion löst die Materialanlieferung aus, wobei die Lagerhaltung auf ein Minimum reduziert werden soll.

Wird Just-in-time-Belieferung bereits in der Planungsphase einer Fabrik als Beschaffungsprinzip vorgesehen, so lassen sich durch die Berücksichtigung der produktionssynchronen Beschaffung bei der Standort-, Bereichs-, Layout-, Transportmittel- und Materialflussplanung weitere Effizienzgewinne erzielen. Umfangreiche Lager muss man insofern nicht mehr aufbauen. Materialflusssysteme und Wegenetze können auf diese spezielle Belieferungssituation hin ausgelegt werden, um Warte- und innerbetriebliche Transportzeiten zu verringern. Die Auswirkungen des JIT-Ansatzes können so weit reichen, dass die Partner[59] vereinbaren, dass der Lieferant in der Nähe des Herstellers ein Werk errichtet, in dem die zu liefernden Komponenten oder Baugruppen produziert werden. Sind dann noch Behälterkonzepte abgestimmt und Prüfpläne und Prüfroutinen gemeinsam erarbeitet, können prozessverlängernde Zwischenschritte wie Umpacken und Doppelprüfungen eliminiert werden.

Beschreibung des Just in time

Mit Hilfe von Just in time plant man, eine *produktionssynchrone Belieferung* des Herstellers mit Vorprodukten zu erreichen. In Theorie und Praxis existieren verschiedene

---

[59] Das Vorhandensein einer partnerschaftlichen Beziehung ist eine von mehreren Voraussetzungen. Weitere sind hohe Prognosesicherheit und hoher Servicegrad (vergleiche Werner 2013, S. 171).

Varianten von Just in time. Die theoretisch ideale Situation ist – vor dem Hintergrund der JIT-Zielsetzung – eine Produktion ohne Bestände. Gelingt die Anlieferung der erforderlichen Materialien in exakt der Reihenfolge der Produktionsaufträge, für welche die Materialien benötigt werden, spricht man von *Just-in-sequence*. Unabdingbar für das Funktionieren dieses Ansatzes ist die Verfügbarkeit eines leistungsfähigen Informationssystems, das den Datenaustausch zwischen den Akteuren erlaubt und die Bereitschaft zur umfassenden Datenweitergabe beinhaltet.

Allerdings ist bei bedarfssynchroner Belieferung davon auszugehen, dass die Anzahl der Transporte steigen und die Transportlose kleiner werden. Offenkundig dürfte auch eine höhere Anzahl von Leerfahrten entstehen. Häufig wird davon berichtet, dass man die Lagerung auf die Straße verschiebt. Nebeneffekte sind auch, dass Verkehre von der Schiene auf die Straße verlegt werden und die Anfälligkeit der Belieferung zunimmt – insbesondere bei größeren Distanzen zwischen Lieferant und Hersteller. Einige dieser Nebenwirkungen sind sowohl unter ökonomischen als auch unter den in der Logistik zunehmend Beachtung findenden ökologischen Gesichtspunkten bedenklich. Die Nachteile der Methode kann man durch Kopplung mit anderen Ansätzen abmildern. Einzelne Just-in-time-Ausprägungen geben selbst schon Antworten auf die benannten Herausforderungen.

Kernelement der betriebswirtschaftlichen Methode des Just in time ist, dass zwischen zwei Akteuren mindestens ein Lager und eine Qualitätsprüfung entfallen sollen – in der Regel beim Empfänger der Ware. In traditionellen Logistikbeziehungen produziert ein Lieferant die Vorprodukte, prüft sie nach der Fertigstellung und lagert sie dann bei sich ein. Der Hersteller bestellt die Vorprodukte, lässt sie anliefern, unternimmt eine Wareneingangsprüfung und lagert sie erneut bis zu dem Zeitpunkt, an dem das Vorprodukt in der Produktion des Herstellers benötigt wird. Durch Just in time werden Lagerung und Eingangsprüfung beim Empfänger eingespart, da die Ware punktgenau zum Bedarfszeitpunkt angeliefert wird.

Anwendungsbereich und Anwendungsprozess

Just in time kommt insbesondere in der Industrielogistik zur Anwendung. Beziehungen zwischen Wertschöpfungspartnern verschiedener Stufen industrieller Lieferketten werden auf diese Weise miteinander verbunden. Ferner ist das Konzept am ehesten dort zu finden, wo aufgrund hoher Variantenvielfalt, hoher Produktionsvolumina, komplexer Güter, schwankender Nachfragehöhen und werthaltiger Vorprodukte Lagerhaltung sehr teuer ist. Im Wesentlichen lassen sich drei Ausführungs- und Ablaufarten des Just-in-time-Konzeptes ausmachen.[60] Sollen Prüf- und Lagerungsvorgänge beim Abnehmer wegfallen, so wird:

- der Lieferant Vorprodukte für den Hersteller produzieren, in sein eigenes Ausgangslager einlagern und der Hersteller bei Vorliegen von in der Regel kundenbasierten Produktionsaufträgen direkt daraus abrufen und nach Eintreffen in der Produktion nutzen.

- der Lieferant produzieren und in das Lager eines in die JIT-Abwicklung involvierten Spediteurs einlagern, in dem auch kommissioniert und dann beim Hersteller angeliefert wird. In diesem Kontext wird auch von gemeinsamer Bestandsführung gesprochen.

- der Lieferant produzieren und prüfen. Er liefert ohne Zwischenlagerung direkt an den Hersteller, der die Vorprodukte benötigt, was insbesondere bei dicht bei-

---

[60] Vergleiche Wannenwetsch (2010, S. 181 f).

einanderliegenden Produktionsstätten von Lieferant und Hersteller funktionieren kann.

In der Regel erfordert die Einführung eines Just-in-time-Konzeptes die Existenz fähiger Lieferanten, die man gegebenenfalls weiterqualifiziert und mit denen man ein mehrstufiges Planungssystem etabliert. Wie in Abbildung 25 dargestellt, wird das Planungssystem in erster Ebene eine Rahmenvereinbarung umfassen, die die Anforderungen an die zu liefernden Güter enthält, eine Bedarfsprognose einschließt und typischerweise eine einjährige Laufzeit hat. In zweiter Ebene werden quartalsweise Rahmenaufträge stehen, die beim Lieferanten die Materialbeschaffung auslösen, um die zur Erstellung der Vorprodukte benötigten Werkstoffe zu erhalten. In dritter Ebene wird der Direktabruf des Herstellers realisiert, der auf der Basis der im Rahmenauftrag geplanten Mengen eine konkrete Variante in bestimmter Stückzahl zu einem festgelegten Termin anfordert.

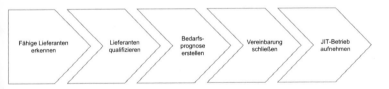

Abbildung 25: Schritte der Just-in-time-Einführung

Weiterführende Hinweise

Die Implementierung einer produktionssynchronen Beschaffung ist an einige Rahmenbedingungen geknüpft. Sind diese nicht gegeben, stellen sich die Vorteile in der Praxis nicht ein. Sowohl der Lieferant als auch der Hersteller müssen ihre Vorgehensweisen und beschaffungsmarktseitigen Prozesse umstellen beziehungsweise verändern. Derartige Anpassungen wird man nur realisieren, wenn man von einer längerfristigen Lebensdauer des neuen Modells ausgeht. Mehrjährige Vertragsdauern sind daher üblich. Häufig erscheint es auch sinnvoll, nicht nur die Steuerung einer Lieferanten-Abnehmer-Beziehung nach dem JIT-Konzept zu gestalten, sondern weitere Vorstufen mit einzubeziehen. Die Installation informationstechnischer Voraussetzungen ermöglicht den zeitnahen Datenaustausch. Gelingt die Belieferung mit der vereinbarten Ware nicht termingerecht, greifen in den Verträgen fixierte Konventionalstrafen. Ferner bilden eindeutige Spezifikationen der zu liefernden Teile, exakte Prüfvorschriften und Vereinbarungen über Messmittel wichtige Voraussetzungen für einen reibungslosen Ablauf innerhalb der JIT-Beziehung. Die Preise werden in der Regel für ein Jahr festgesetzt und danach neu verhandelt. Vielerorts finden sich Preisgleitklauseln für den Rohstoffpreisanteil am Wert des Vorproduktes.

1.9   Cross Docking

- *Problemstellung.* Optimierung von Transportvorgängen und Realisierung einer bedarfsgerechten Belieferung von Abnehmern
- *Zielgruppe:* Logistiker, Transportplaner, Materialwirtschaftler, Supply Chain Manager
- *Voraussetzungen:* Vorhandensein einer adäquaten Infrastruktur und Beschaffung erforderlicher Transportmittel

Zielsetzung des Cross Docking

Cross Docking ist ein Aktivitätenbündel zur Auflösung und bedarfsgerechten Neukommissionierung von Warenladungen in einem Konzentrationspunkt eines mehrstufigen Logistiksystems. Der Ansatz zielt auf die Verkürzung von Lieferzeiten, die Reduktion von Frachtkosten und die Verringerung von Lagerbeständen. Insbesondere auf der Stufe von Hersteller- zu Händlerfilialunternehmen findet dieses Konzept Anwendung und kann hier seine Stärken ausspielen, obgleich der Einsatz nicht an diese Stufe einer Lieferkette gebunden ist. Auch zwischen Lieferanten und Herstellern kann man die Methode einsetzen. Wesentliche Vorteile werden in der Reduktion der Anzahl und Länge von Transportwegen gesehen. Den Warenempfängern werden auf ihre Bedürfnisse ausgelegte Warenpakete geliefert.[61] Dadurch verringern sich sowohl Lagerhaltungsvolumina und die Anzahl der Wareneingänge als auch die benötigten Andockstellen und Kommissionierflächen in den jeweiligen Betriebsstätten.

Beschreibung des Cross Docking

Beliefern viele Lieferanten jeweils zahlreiche und gegebenenfalls identische Abnehmer, ergibt sich ein komplexes Beziehungsnetz und eine hohe Anzahl von Transporten, wie in Abbildung 26 illustriert. Soll die Anzahl der Fahrten und insbesondere die Anzahl der Leerfahrten reduziert werden, kann man größere Transportmittel mit höherer Transportkapazität einsetzen und durch Rundfahrten – also durch Fahrten ohne viele einzelne Rückfahrten – die zahlreichen Abnahmestellen beliefern. Dies führt jedoch zu hohen Fahrtanteilen mit wenig ausgelasteten Transportmitteln wie Abbildung 27 verdeutlicht. Cross Dock-

---

[61] Vergleiche Werner (2013, S. 136 f).

ing reduziert die Anzahl der Transportbeziehungen und erlaubt den Einsatz unterschiedlich großer Transportmittel, was zu höherer Effizienz im Transportprozess beiträgt. Diesen Zusammenhang stellt Abbildung 28 dar.[62]

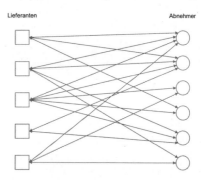

Abbildung 26: Transportwege bei normaler Belieferung

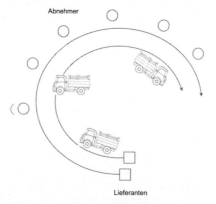

Abbildung 27: Transportwege bei Kreisverkehren

---

[62] Allerdings weisen Stephan & Boysen (2011, S. 130) auch darauf hin, dass durch Cross Docking zusätzliche Handlingvorgänge und Fixkosten erzeugt werden.

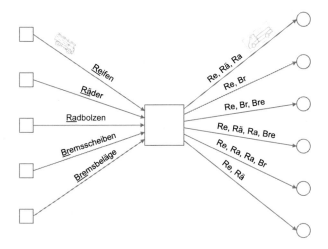

Abbildung 28: Transportwege im Cross Docking-Modell

Große Lastkraftwagen können jeweils sortenrein aus den Produktionsstätten der Vorproduzenten die Waren anliefern. In der Cross Docking-Station werden sie entladen, und die Güter stellt man nun so zusammen, dass die Bedarfspunkte jeweils die von ihnen benötigten Güter in der richtigen Menge in einer Lieferung zusammengefasst erhalten und somit nur einen – möglichweise auch nur durch einen kompakten Stadtlieferwagen realisierten – Transport empfangen müssen, um alle bestellten Waren zu erhalten.

Anwendungsbereich und Anwendungsprozess

Cross Docking ist in unterschiedlichen Stufen der Lieferkette einsetzbar. Der Schwerpunkt der typischen Anwendung liegt in der Kopplung zwischen Endproduzenten und Händlern. Es ist eine Methode der zwischenbetrieblichen Logistik. Der Wunsch zur Einführung von Cross

Docking setzt eine Analyse voraus, in der man prüft, ob Transport- und Lagerkosten in unerwünschter Höhe vorliegen, ob eine Situation besteht, in der viele Transportbeziehungen zwischen gleichen Akteuren existieren und somit das Cross Docking in der Lage wäre, einen Verbesserungsbeitrag zu leisten.

Darüber hinaus werden sich die Mitglieder der Lieferkette darüber verständigen müssen, wer die zu errichtende Cross Docking-Station betreibt und wie Investitions- und Betriebskosten verteilt werden. Oftmals werden Planung und Betrieb in die Hände eines Logistikdienstleisters gelegt, der nicht in die Wertschöpfungsprozesse der Supply Chain eingebunden ist, der aber eine wichtige Kopplungsfunktion zwischen den Partnern übernimmt. In der Praxis äußern Logistikdienstleister immer wieder Interesse daran, neben den klassischen Kernfunktionen der Logistik wie Transport, Umschlag und Lagerung – üblicherweise mit TUL abgekürzt – auch weitergehende Planungs- und Optimierungstätigkeiten zu übernehmen und gegebenenfalls sogar in Randbereiche der wertschöpfenden Tätigkeiten vorzudringen, wie sie beispielsweise einfache Montagen im Kontext der Kontraktlogistik darstellen. Dies würde es Logistikdienstleistern erlauben, ihre Stellung im wettbewerbsintensiven Logistikmarkt zu festigen, Alleinstellungsmerkmale aufzubauen, längerfristige Kundenbindungen zu erreichen und margenreiche Tätigkeitsfelder zu erschließen.

Cross Docking kann in verschiedenen Formen ausgeführt werden.[63] Eine Variante stellen beispielsweise die artikelreine Anlieferung von Paletten durch die Hersteller und die filialgenaue Kommissionierung sowie der unmittelbare Weiterversand an die Handelsfilialen dar. Eine an-

---

[63] Vergleiche zu Cross Docking-Varianten Kotzab (1997, S. 167).

dere Form umfasst neben der Anlieferung auch die Zwischenlagerung in der Kommissionierzone der Cross Docking-Station. Der reibungsfreie Betrieb einer Cross Docking-Station und das Erreichen der avisierten Ziele setzen voraus, dass die Akteure miteinander informationstechnisch vernetzt sind. In der Regel werden über so genannte Electronic Data Interchange- beziehungsweise EDI-Verbindungen notwendige Informationen ausgetauscht.

Weiterführende Hinweise

Cross Docking-Stationen können sehr unterschiedlich ausgestattet sein. So variieren sie beispielsweise hinsichtlich ihres Automatisierungsgrades. Erfolgt maschinelles Sortieren und Kommissionieren oder sind in hohem Maße manuelle Arbeitsanteile vorgesehen? Die Antwort auf die Frage des angemessenen Automatisierungsgrades richtet sich auch hier nach dem Standort und der jeweiligen Lohnkostenhöhe. Auch hinsichtlich der informationsseitigen Koppelung lassen sich verschiedene Ausprägungsgrade ermitteln. Besonders elegant scheinen Stationen arbeiten zu können, wenn eine hohe Informationsdichte und ausreichend Kapazität zur Informationsverarbeitung vorliegen. So können etwa durch Vorankündigung von in Kürze eingehenden Lieferungen erforderliche Bedingungen geschaffen und die organisatorischen Abläufe gestrafft werden.

2 Produktion

Der betriebliche Funktionsbereich Produktion bildet den *Ort der Wertschöpfung* im Unternehmen. Hier werden die Leistungen, insbesondere die zu vertreibenden Produkte, hergestellt. Ohne Produktion würden Unternehmen nicht über Leistungen verfügen, mit deren Hilfe sie Umsätze und Einnahmen erwirtschaften. Die Produktion veredelt die durch die Beschaffung verfügbar gemachten Rohstoffe und Vorprodukte gemäß geltender Vorgaben der Forschungs- und Entwicklungsabteilung – wie Konstruktionspläne in der Stückgutfertigung und Rezepturen in der Verfahrensindustrie – zu absetzbaren Produkten.[64] Abbildung 29 beschreibt die Grobstruktur von Produktionssystemen.[65] Die Qualität der produzierten Erzeugnisse und die Kosten der Produktion sowie Flexibilitätspotenziale und Schnelligkeit der Auftragsbearbeitung beeinflussen in erheblichem Maße die betriebliche Wettbewerbsfähigkeit.

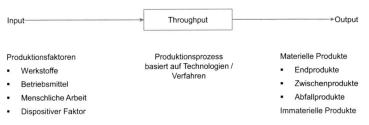

Abbildung 29: Ein- und Ausgangsgrößen von Produktionssystemen[66]

---

[64] Vergleiche Corsten (2004, S. 2).

[65] Vergleiche Fandel (1996, S. 32), Haak (1982, S. 119) und Kern (1976, S. 758 ff).

[66] Mieke (2009, S. 4).

Im Rahmen der produktionswirtschaftlichen Planung muss man das Produktionsprogramm festlegen, das Produktionspotenzial ausgestalten und die Produktionsprozesse definieren. Die *Programmplanung* legt die Output-Dimension des Produktionsprozesses fest. Die Definition der herzustellenden Produkte nach Art, Menge und Form orientiert sich insbesondere an den Vorgaben des Absatzmarktes, aber auch an den intern verfügbaren Kompetenzen und Ressourcen. Die Produktionsprogrammplanung umfasst auch die Entscheidung über Eigenerstellung oder Fremdbezug der Produktkomponenten,[67] die in einem frühen Stadium gemeinsam mit der Beschaffungsabteilung getroffen wird. Die *Potenzialplanung* zielt auf die Sicherstellung der Leistungsbereitschaft des Produktionssystems. Zur Erstellung der im Produktionsprogramm aufgeführten Güter bedarf es des Einsatzes von Produktionsfaktoren. Durch die Kombination der in Abbildung 30 dargestellten Potenzial- und Repetierfaktoren versucht

Originäre / elementare Produktionsfaktoren	
Potenzialfaktoren	Repetierfaktoren
• Betriebsmittel • Menschliche Arbeit	• Rohstoffe • Hilfsstoffe • Betriebsstoffe
mittelbarer	unmittelbarer
Verbrauch im Rahmen der Leistungserstellung	

Abbildung 30: Produktionsfaktoren

---

[67] Vergleiche Nebl (2004, S. 62).

man, das angestrebte Produktionsergebnis zu erreichen. Betriebsmittel werden aufgrund ihrer generellen technischen Eignung, ihrer quantitativen und qualitativen Kapazität sowie ihrer Verfügbarkeit und Kompatibilität mit anderen Betriebsmitteln und Faktorarten für die Erstellung von Gütern bereitgestellt und weiterentwickelt. Zu ihnen zählen etwa Maschinen, Werkzeuge, Transportmittel oder Einrichtungen.[68] Ziel der produktionswirtschaftlichen Personalarbeit ist es, die Ergiebigkeit menschlicher Ressourcen zum Beispiel durch den Einsatz adäquater Führungs- und Anreizsysteme oder durch Kompetenzprofilverbesserungen zu erhöhen.

Die *Prozessplanung* im Produktionsbereich erstreckt sich auf den Entwurf von Ordnungen, die den Ablauf von Produktionsprozessen in Raum und Zeit vorgeben.[69] Zu Beginn wird die grundsätzliche Struktur der Abläufe – insbesondere die Gestaltung von Layout und Materialflusskonzept – bestimmt. Danach erfolgt die Auslegung der Prozesse hinsichtlich Reihenfolge und terminlicher Planung. Eine wichtige Beurteilungsgröße im Rahmen von Produktionsprozessen ist die Durchlaufzeit. Sie ergibt sich im Wesentlichen aus Rüst-, Bearbeitungs-, Kontroll-, Transport- und Liegezeiten. Diese Größen werden in erheblichem Maße durch andere Objekte – wie Betriebsmittel oder Qualifikationen und Fähigkeiten von Mitarbeitern, die Verfügbarkeit von Material, die logistischen Prozesse und die Qualität der Auftragseintaktung – und deren Planungen beeinflusst.

Obwohl der Produktionsbereich als der Ort der Wertschöpfung eine zentrale Rolle einnimmt, kann man diesen

---

[68] Vergleiche Kern (1992, S. 196).

[69] Vergleiche Kern (1992, S. 255).

nicht ohne Abstimmung mit den vorgenannten Funktionsbereichen Forschung und Entwicklung sowie Beschaffung und Logistik steuern. Zahlreiche Verflechtungen erfordern intensive Kommunikation und Koordination, die in eine harmonisierte Planung münden sollten. Forschung und Entwicklung definieren das zu erstellende Produkt. Dabei werden Werkstoffe, Fertigungsverfahren, Montageschritte, Variantenvielfalt, Einsatz von Standardoder Normbauteilen festgelegt. Die entsprechenden Entscheidungen wirken sich unter anderem auf Beschaffungsaspekte wie Lieferantenwahl oder Möglichkeiten zur Erzielung von Mengeneffekten aus. Ebenso bestimmen die forschungs- und entwicklungsbezogenen Aspekte den Produktionsbereich – zum Beispiel bei der Wahl der Produktionsprozesse, beim Maschineneinsatz oder bei der Gestaltung des Automatisierungsgrades. Die Beschaffung wiederum legt durch ihre Lieferantenauswahl die Zuverlässigkeit der Produktion fest. Können Lieferanten die benötigten Vorprodukte nicht in vereinbarter Qualität und Menge zum definierten Zeitpunkt bereitstellen, entziehen sie der Produktion die Grundlage.

Obwohl die nachgelagerten Bereiche von den Ergebnissen der vorgelagerten abhängen, haben auch die nachgelagerten wie Produktion, Marketing oder Vertrieb Einfluss auf die Leistungen der Vorstufen. So kann zum Beispiel die Beschaffung Restriktionen oder Anforderungen benennen, die wiederum in den Planungen und Entscheidungen der vorgelagerten Bereiche berücksichtigt werden müssen.[70] In der Produktion wird man bei avisierter Nutzung bestehender Fabriken für neue Produkte bestimmte Fertigungsverfahren gegenüber der Forschungs- und Ent-

---

[70] Vergleiche Picot, Dietl & Franck (2005, S. 285) und Porter (2010, S. 62).

wicklungsabteilung ausschließen oder auf einfache Geometrien von Bauteilen oder auf Montagegerechtigkeit drängen. Viele Herausforderungen wie die Individualisierung von Leistungen, die Verkürzung von Auftragsbearbeitungszeiten, die Senkung von Kosten oder die Erhöhung von Produktqualitäten wird der Produktionsbereich nicht allein absichern können. Allerdings stehen erprobte betriebswirtschaftliche Methoden zur Verfügung, um den produktionsspezifischen Anteil abzudecken. Die wichtigsten Ansätze werden im Folgenden diskutiert.

2.1 Wertanalyse

- *Problemstellung:* Senkung der Kosten von Produkten oder Prozessen unter Beibehaltung der Funktionen beziehungsweise Erhöhung des Nutzens von Produkten oder Prozessen ohne Mehrkosten
- *Zielgruppe:* Produktionsleiter, F&E-Leiter, F&E-Mitarbeiter, Lieferantenentwickler, Materialgruppenverantwortliche, Prozessoptimierer
- *Voraussetzungen:* Verfügbarkeit der relevanten Funktionskosten

Zielsetzung der Wertanalyse

Die Wertanalyse ist eine Methode, mit deren Hilfe Funktionsstrukturen eines Betrachtungsobjektes offengelegt, durchdrungen und bewertet werden können. Die Elemente des Objektes sollen grundsätzlich in Richtung Wertsteigerung beeinflusst werden.[71] Die Wertanalyse

---

[71] Vergleiche DIN 69910.

lässt sich sowohl zur Kostensenkung als auch zur Nutzen-
steigerung von Objekten anwenden. Die Wertanalyse hin-
terfragt, inwiefern einzelne Elemente eines Systems zur
Erfüllung des Systemzwecks erforderlich sind, wobei ein
System ein Produkt, aber auch ein Prozess sein kann.
Möglicherweise lassen sich einzelne Elemente eliminieren. Hierfür finden sich häufig nur begrenzte Möglichkeiten. Allerdings sind viele vorhandene Funktionen andersartig ausführbar als im betrachteten Fall. So treten die
Suche, Analyse und Ausgestaltung technologischer Sub-
stitutionsmöglichkeiten in den Vordergrund.

Beschreibung der Wertanalyse

Die Durchdringung der Objekte, beispielsweise der Produkte, geschieht im Rahmen der Wertanalyse nicht durch
Zerlegung in Einzelteile, sondern durch *Zerlegung in Funktionen*. Dies ist ein wesentlicher Unterschied. Durch die
Zerlegung in Funktionen erschließt sich im Allgemeinen
ein größerer Lösungsraum, um alternative Ausführungsvarianten zu bestimmen, als durch die Zerlegung in Einzelteile. Folgendes Beispiel illustriert diesen Sachverhalt:
Zerlegt man ein Fahrrad in seine Einzelteile bis zum Kettenglied, dann stellt sich die Frage, ob das Kettenglied, ein
Zahnrad oder der Stift, der die Kettenglieder verbindet,
eliminiert werden können. Die Antwort dürfte in der Regel negativ ausfallen, da das System in der Folge nicht
mehr in gewünschter Weise funktionieren würde. Lenkt
man den Blick weg von den Einzelteilen hin zu den Funktionen des Fahrrades, etwa auf Antrieb, Kraftumformung
oder Richtungsänderung, dann fällt auf, dass diese einzelnen Funktionen häufig aus einem Zusammenspiel verschiedener Einzelteile und Baugruppen resultieren. Man-
che Einzelteile und Baugruppen sind in die Realisierung
mehrerer Funktionen eingebunden. Auf der Grundlage

dieser Überlegungen kommen neue Optionen in Betracht. Zur Kraftumformung und Kraftübertragung kann man statt Kettengetriebe etwa ein Reibrad-, ein Riemen-, ein Zahnradgetriebe oder eine Kardanwelle einsetzen. Unter Umständen sind diese Alternativen ebenso tauglich, die Funktion zu erfüllen, und lassen sich möglicherweise kostengünstiger produzieren.

Durch die Ermittlung überflüssiger Systembestandteile und die Erarbeitung neuartiger Lösungsmöglichkeiten ergeben sich – bei Zielstellung der Kostensenkung – mehrere Kosteneinsparpotenziale. Zum einen können womöglich Beschaffungskosten gesenkt werden. Zum anderen fallen unter Umständen Fertigungs- und Montageschritte weg, und Produktionskosten lassen sich senken. Schließlich ist durch eine Neuausrichtung der Make-or-Buy- und der Lieferantenentscheidung sowie durch eine Restrukturierung der Lieferkettenmitglieder eine Senkung von Koordinationskosten möglich. Wertanalysen erfordern üblicherweise interdisziplinäre Teams, da man sowohl technische Lösungen analysieren, Kosten zuweisen, neue Lösungsmöglichkeiten erarbeiten und Kostenwirkungen prognostizieren als auch die marktbezogene Akzeptanz abschätzen und die Verfügbarkeit fähiger Lieferanten erkennen muss. Gelingt die Zusammenstellung schlagkräftiger Wertanalyseteams – häufig ein Verbund aus Konstrukteuren, Fertigungsplanern, Einkäufern, Controllern und Produktplanern –, so können diese oftmals Kostensenkungen in beträchtlichem Umfang herausarbeiten. Die Wertanalyse beschränkt sich nicht nur auf Produkte, sondern sie analysiert auch Produktions- und administrative Prozesse. Mit dem der Wertanalyse eigenen Blick auf Funktionen kann man auch Effizienzsteigerungsmöglichkeiten in betrieblichen Abläufen identifizieren.

Anwendungsbereich und Anwendungsprozess

Die Wertanalyse kommt für ganz unterschiedliche Untersuchungsobjekte und auch an ganz verschiedenartigen
Orten im Unternehmen zum Einsatz. Abbildung 31 fasst
typische Anwendungsfelder zusammen. Es zeigt sich,
dass schon im Stadium der Konstruktion, wenn das Produkt noch nicht realisiert ist, wertanalytische Betrachtungen sinnvoll sein können.[72] Bestehen doch in dieser Phase
die größten Freiheitsgrade der Gestaltung bei geringsten
Änderungskosten. Aber auch in der laufenden Serienproduktion können durch auf der Wertanalyse basierende
Veränderungen beträchtliche Einsparungen erreicht werden.

Klassifikations-kriterien	Ausprägungen				
Existenz des WA-Objektes	für reale Objekte ⇒ „Wertanalyse"			für geplante Objekte ⇒ „Wertgestaltung"	
Art des WA-Objektes	für Produkte			für Prozesse	
Ort des WA-Objektes	in F&E	in Beschaffung	in Logistik	in Produktion	in Administration
Fokus des WA-Objektes	Kostensenkung		Qualitätssteigerung		Komplexitätsreduktion

Abbildung 31: Anwendungsfelder der Wertanalyse[73]

---

[72] Vergleiche Freidank (2001, S. 619).

[73] Mieke (2009, S. 18).

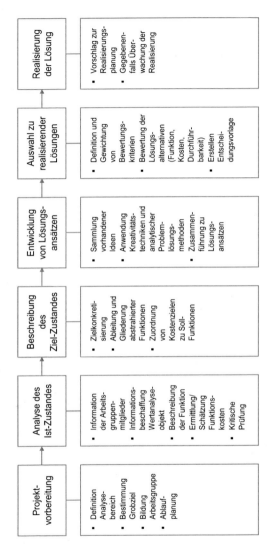

Projekt-vorbereitung

- Definition Analyse-bereich
- Bestimmung Grobziel
- Bildung Arbeitsgruppe
- Ablauf-planung

Analyse des Ist-Zustandes

- Information der Arbeits-gruppen-mitglieder
- Informations-beschaffung Wertanalyse-objekt
- Beschreibung der Funktion
- Ermittlung/ Schätzung Funktions-kosten
- Kritische Prüfung

Beschreibung des Ziel-Zustandes

- Zielkonkreti-sierung
- Ableitung und Gliederung abstrahierter Funktionen
- Zuordnung von Kostenzielen zu Soll-Funktionen

Entwicklung von Lösungs-ansätzen

- Sammlung vorhandener Ideen
- Anwendung Kreativitäts-techniken und analytischer Problem-lösungs-methoden
- Zusammen-führung zu Lösungs-ansätzen

Auswahl zu realisierender Lösungen

- Definition und Gewichtung von Bewertungs-kriterien
- Bewertung der Lösungs-alternativen (Funktion, Kosten, Durchführ-barkeit)
- Erstellen Entschei-dungsvorlage

Realisierung der Lösung

- Vorschlag zur Realisierungs-planung
- Gegebenen-falls Über-wachung der Realisierung

Abbildung 32: Wertanalyseprozess

Der Anstoß für wertanalytische Untersuchungen kann aus verschiedenen Bereichen kommen. Das Beschaffungswesen mahnt die Anwendung des Verfahrens in der Regel dann an, wenn Preisverhandlungen, Mengenbündelungen, Global Sourcing und ähnliche Aktivitäten nicht mehr die avisierten Einkaufspreissenkungen erzielen. In der Produktion sucht man häufig nach effizienten Fertigungsmöglichkeiten, die sich durch die Anwendung von Wertanalysen stützen lassen. Das Vorgehen der Wertanalyse kann man in sechs Phasen gliedern,[74] die in Abbildung 32 aufgeführt sind.[75]

Im Rahmen der *Projektvorbereitung* werden der Analysebereich definiert, Ziele abgesteckt und Teammitglieder bestimmt. Innerhalb des Teams sollten alle erforderlichen fachlichen Kompetenzen und methodischen Fähigkeiten im Hinblick auf Wertanalysen und Problemlösungstechniken verfügbar sein. Die Arbeitsgruppe entwickelt dann eine Ablaufplanung.

In der zweiten Phase erfolgt die *Zerlegung* des zu untersuchenden Objektes. In der Regel dürfte sich das Ordnen der Funktionen nach Haupt-, Neben- und unwichtigen Funktionen als sinnvoll erweisen.[76] In diese Phase fällt auch die Ermittlung der Funktionskosten. Die Funktionskostenmatrix unterstützt die Zuweisung der Kosten der Elemente auf die einzelnen Funktionen.

Die dritte Phase richtet sich auf die Konkretisierung der *Zielzustände*. Mit den Kenntnissen aus Phase zwei dürften sich diese nun präziser beschreiben lassen. Die Gesamt-

---

[74] Vergleiche Hesse (1990, S. 332).

[75] Vergleiche Specht & Mieke (2005a, S. 182 ff).

[76] Funktionsstrukturbäume können hier unterstützen (vergleiche Schröder 1994, S. 155).

leistungsfähigkeit des Objektes wird durch die Summe zu beschreibender Soll-Funktionen repräsentiert. Ihnen lassen sich Kostengrößen zuordnen. Hier wird eine Parallele zum Controlling-Konzept des Target Costing sichtbar, obgleich dieses weniger technisch, sondern eher marktseitig orientiert ist.

Im Mittelpunkt der vierten Phase steht die Entwicklung *neuartiger Ansätze* zur Ausführung der Funktionen des Systems. Dabei werden sowohl vorhandene Ideen gesammelt als auch neue Ideen erzeugt. Dies ist die Phase, in der auch analytische Problemlösungstechniken wie der morphologische Kasten und Kreativitätsmethoden wie Synektik oder Brainstorming zum Einsatz kommen – auch das Inspirieren durch Benchmarking kann stattfinden. Eine Verdichtung der Ansätze zu ganzheitlichen Lösungsansätzen schließt diesen Schritt ab.

Im fünften Schritt leitet man aus den bestehenden Zielstellungen *Bewertungskriterien* für die erzeugten Lösungen ab und beurteilt die gefundenen Ergebnisse. Multikriterielle Bewertungsverfahren wie die Nutzwertanalyse erfüllen diese Aufgabe besonders gut.[77] Sie werden um Wirtschaftlichkeits- und Investitionsrechenverfahren ergänzt, um eine monetäre Bewertung zu gestatten. Die wesentliche Herausforderung in dieser Phase dürfte die Kostenprognose für die verschiedenen Lösungsprinzipien sein, die unter Umständen sehr neuartig und kostenseitig schwer spezifizierbar sind.

Die abschließende sechste Phase richtet sich auf die *Überführung* der gefundenen Lösung in die Realität. Es ist zu planen, in welchen Schritten und zu welchem Zeitpunkt

---

[77] Vergleiche zu verschiedenen Bewertungsverfahren Lenk (1994, S. 33 ff).

die Umstellung erfolgen soll, welche weiteren Akteure man einbinden und welche Rahmenbedingungen man noch schaffen muss. Schließlich erhält die letzte Phase den Charakter eines Projekt-Controllings, das die Realisierung überwacht und steuert.

Weiterführende Hinweise

Wertanalysen können aufwändig sein. Es sind crossfunktionale Wertanalyseteams zu bilden, die nicht immer konfliktfrei funktionieren. Die Durchdringung von Objekten nach Funktionsstrukturen erfordert – zumindest bei nicht technisch ausgebildeten Teilnehmern – etwas Übung. Die Spezifizierung von Kosten erweist sich häufig als problematisch. Mitglieder von Konstruktionsabteilungen haben in der Praxis nicht immer großes Mitwirkungsinteresse, stehen sie doch unter dem Druck, Neuprodukte entwickeln zu müssen, anstatt an aktuellen Modellen Veränderungen vorzunehmen. Und dennoch: Der Aufwand lohnt sich. Durch Wertanalysen gelingt es immer wieder, einen Schub zu erzeugen, der wesentliche Verbesserungen mit sich bringt. Insofern kann man empfehlen, Wertanalysen regelmäßig durchzuführen, insbesondere dann, wenn die Methode in einer Organisation bereits bekannt und Mitarbeiter mit der entsprechenden Anwendung und Umsetzung vertraut sind. Dann ist der Boden für systematische Optimierungen bereitet, die eine Voraussetzung für die langfristige Überlebenssicherung von Unternehmen darstellen.

2.2 FMEA

- *Problemstellung:* Risikovermeidung bei neuen Produkten und Verfahren
- *Zielgruppe:* Produktionsleiter, Prozessoptimierer, Qualitätsmanager, Konstrukteure, Risikomanager, Produktmanager, Einkäufer
- *Voraussetzungen:* Verfügbarkeit von Fehlerkosten und Risikodaten und Bereitschaft zur interdisziplinären Zusammenarbeit

Zielsetzung der FMEA

Das Akronym FMEA steht für Fehlermöglichkeits- und Einflussanalyse, die im englischsprachigen Kontext als *Failure Mode and Effects Analysis* bezeichnet wird.[78] Die FMEA unterstützt die Erreichung der Ziele des magischen Dreiecks, das sich aus Qualität, Kosten und Zeit zusammensetzt. Im Mittelpunkt stehen dabei Qualität und die aus mangelhafter Qualität resultierenden Kosten. Mit Hilfe der Methode versucht man, Risiken zu bestimmen und zu analysieren und deren Eintritt durch Veränderung der eingesetzten technischen Lösungen zu verhindern.[79] Die FMEA kann man auf verschiedene Objekte anwenden. Es haben sich insbesondere Produkt-FMEA und Prozess-FMEA herausgebildet.[80] Diese kann man unabhängig voneinander oder auch gekoppelt einsetzen – etwa zunächst Produkt-FMEA im Rahmen der Konstruk-

---

[78] Vergleiche Werdich (2012, S. 1).

[79] Vergleiche Kamiske & Brauer (2003, S. 74).

[80] Vergleiche Werdich (2012, S. 13 ff.)

tionsphase und anschließend Prozess-FMEA während des Entwurfes des Produktionsprozesses.

Durch die Anwendung der FMEA schon innerhalb der Konstruktionsphase eines Produktes können etwaige Fehler, Qualitätsprobleme oder Kosten vermieden werden. Dabei geht man von der Erkenntnis aus, dass die Beseitigung eines Fehlers in der Auslieferungsphase an den Kunden unter Umständen um den Faktor 1.000 höhere Kosten erzeugt, als die Vermeidung des Fehlers in der Konstruktionsphase gekostet hätte. Im Mittelpunkt steht die Erzeugung robuster und funktionsfähiger Artefakte, die gut produzierbar sind und nicht aufgrund anfälliger Produktionsverfahren bei Auslieferung verdeckte Fehler aufweisen. Innerhalb des Produktionsbereiches kann man die FMEA auch einsetzen, wenn das Produktionsprogramm unverändert bleibt, aber Neuerungen in den Bereichen Produktionspotenziale oder Produktionsprozesse vorgenommen werden. So unterstützt die FMEA das Aufspüren möglicher Fehler bei der Einführung neuer Fertigungstechnologien oder modifizierter Produktionssysteme.

Gelingt es, mittels FMEA Fehler im Vorhinein zu erkennen, kann man Schadensereignisse vermeiden und die Entstehung fehlerbasierter Kosten verhindern. Fehlerkosten umfassen sowohl Nacharbeitskosten und Schadensersatzansprüche künftiger Anwender der produzierten und nicht funktionsfähigen Güter als auch Opportunitätskosten in Form von Umsatzrückgängen durch Imageverluste, aber auch Kosten, die aus Produktionsstillständen resultieren. In diesen Bereichen können schon durch kleine Mängel große Schäden hervorgerufen werden. Brechende Bolzen an Bremspedalen von Autos und daraus resultierende Unfälle mit Todesfolge verdeutlichen die verheerenden Folgen eines Fehlers bei einem bezogen auf das Gesamtsystem Automobil fast unscheinbaren Einzelteil. Derartige Fehlerquellen will man unter Verwendung einer FMEA frühzeitig erkennen, berechnen und vermeiden.

Beschreibung der FMEA

Die FMEA entstand im Umfeld der Luft- und Raumfahrtbranche. Insbesondere in diesem Hochtechnologiebereich haben kleine Fehler große Auswirkungen. Dies hat man erkannt und eine Methode entwickelt, um Fehler aufzuspüren und zu vermeiden. Die entsprechende Methode wurde nach ihrer Entwicklung in andere Bereiche mit ähnlichen Situationscharakteristika übertragen. Zur Aufdeckung möglicher Fehler und zur Abarbeitung des FMEA-Prozesses werden üblicherweise crossfunktionale Arbeitsgruppen gebildet. Die unterschiedlichen fachlichen Sichtweisen ermöglichen eine umfassende und detaillierte Analyse des Betrachtungsobjektes und das Erkennen verschiedenster Fehlerursachen sowie die Ableitung von Fehlerfolgen.

Die FMEA basiert auf der Annahme, dass alle Fehler prinzipiell im Voraus erkennbar sind. Dieser Gedanke mag auf den ersten Blick schlüssig erscheinen: Wenn man die Analysen systematisch und aus verschiedenen Blickwinkeln gestaltet, müssen doch alle potenziell denkbaren Mängel erfassbar sein. Allerdings ist dieser Idealzustand in der Realität trotz ausgefeilter Methoden und versierter Arbeitsgruppenteilnehmer kaum erreichbar. So ist es zum Beispiel bei hochgradig innovativen Systemen schwierig, neben den einzelnen Fehlerursachen und deren Wirkungen auch die Wechselwirkungen und Abhängigkeiten zwischen den Elementen vollständig zu erfassen und daraus resultierende Probleme in ihrem Ausmaß zur Gänze abzubilden. Ferner geht die FMEA davon aus, dass die Methodenanwender benennen können, mit welcher Wahrscheinlichkeit Fehler auftreten. Eine exakte Berechnung von Wahrscheinlichkeiten ist in der praktischen Anwendung jedoch schwierig.

FMEA					
Mögliche Fehler			Derzeitiger Zustand – RPZ	Lösungen	Verbesserter Zustand
Art	Ausprägung/ Folge	Ursache	…		

Fehleranalyse	Risikobeurteilung	Maßnahmen	Ergebnis

Abbildung 33: Beispiel eines FMEA-Formblattes

Die FMEA-Durchführung wird in der Regel durch Formblätter unterstützt. Sie dienen der Steuerung des Vorgehens und zur gleichartigen Bewertung aller Artefakte sowie als Verständigungsgrundlage zwischen den beteiligten Akteuren und als Dokumentationsinstrument. Abbildung 33 zeigt ausschnittsweise den Aufbau eines derartigen Formblattes. Das Formblatt teilt sich in die Hauptbereiche Risikoanalyse, Risikobewertung und Verbesserungen.

Anwendungsbereich und Anwendungsprozess

Eine FMEA wird in unterschiedlichen Unternehmensbereichen eingesetzt, vornehmlich jedoch in der Entwicklung und Konstruktion sowie in der Produktion. Die Analysen beziehen sich auf Produkte, Prozesse und Systeme im Allgemeinen. Es wird insbesondere das Zusammenspiel von erzeugtem Gut und dessen Herstellung durchdrungen. Zur Durchführung der Methode finden sich in der Regel interdisziplinäre Teams zusammen, die ihr Wissen aus verschiedenen Fachrichtungen einbringen. Das Vorgehen der FMEA erfolgt analog der in Abbildung 34 dargestellten Schritte.

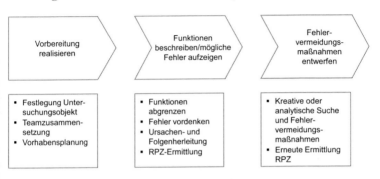

Abbildung 34: Schritte des FMEA-Prozesses

Zu Beginn des FMEA-Prozesses werden die Untersuchungsobjekte ausgewählt. In diesem Zusammenhang werden auch Teambildung, Abstecken des Zeithorizonts und organisatorische Vorarbeiten realisiert. Im zweiten Schritt beschreibt man die Funktionen des Analyseobjektes. Damit sind nicht nur die Hauptfunktionen gemeint – ein Auto soll seinen Fahrer von A nach B transportieren. Vielmehr sollte man alle Funktionen beschreiben – bei einem Auto also Fortbewegung, Bremsbarkeit, Richtungsänderung und andere. Prozesse werden ebenso in ihre Funktionen und in ihre Strukturen zerlegt. Diese Zerlegung bereitet die Analyse potenzieller Fehler vor. Ohne diesen Detailblick könnten einzelne Fehlerursachen von Einzelteilen oder auch potenzielle Schwächen im Zusammenspiel von Komponenten nicht erkannt werden. Es schließt sich die Risikoanalyse an. In diesem Rahmen werden alle möglichen Fehlerarten erfasst, ohne deren Eintrittswahrscheinlichkeiten in den Blick zu nehmen. Daran anknüpfend erfolgt die Ermittlung der Fehlerursachen. Im Beispiel des berstenden Bolzens eines Bremspedals in einem Auto könnte die Ursache im Produktionsprozess liegen, etwa verursacht durch Verunreinigungen am Werkzeug oder durch eine falsch eingestellte Maschine. Die Ursache kann aber auch eine Unterdimensionierung des Bauteils oder falsche Materialwahl im Konstruktionsprozess sein. Anschließend werden Fehlerfolgen aufgenommen – im skizzierten Beispiel das Bremsversagen – und aus Kunden- beziehungsweise Anwenderperspektive benannt. In diesem Zuge versucht man, die Entdeckungswahrscheinlichkeit eines möglichen Fehlers vor Übergabe des Produktes an den Kunden zu berechnen und die Prioritätszahl zu bestimmen. Die Risikoprioritätszahl RPZ ist das Produkt aus Eintrittswahrscheinlichkeit (Wert 1 = „niedrig", Wert 10 = „hoch"), Bedeutung (Wert 1 = „niedrig", Wert 10 = „hoch") und Entdeckungswahrscheinlichkeit (Wert 1 = „hoch", Wert 10 = „niedrig").[81] Der maximale Wert beträgt 10 x 10 x 10 = 1.000 und der minimale 1 x 1 x 1 = 1.

An die Risikoanalyse und Risikobewertung schließen sich die Suche und Initiierung von Gestaltungsmaßnahmen zur Fehlervermeidung an. Es wird nach produktionstechnischen, produktgestalterischen oder prüftechnischen Maßnahmen gesucht. Die Dringlichkeit und die zulässige Kostenhöhe für eine alternative Ausgestaltung des fehleranfälligen Konstruktes werden durch die Prioritätszahl bestimmt. Hohe Prioritätszahlen weisen darauf hin, dass Lösungen zwingend erforderlich sind. Gelegentlich wird

[81] Vergleiche Syska (2006, S. 47).

auch noch die Verfolgung der definierten Maßnahmen zur Fehlervermeidung dem FMEA-Ablauf zugeordnet.

Weiterführende Hinweise

Die Klassifizierung der Risiken nach Prioritätszahlen eignet sich zur Reihung möglicher Fehler innerhalb eines FMEA-Projektes. Immer wieder wird Kritik an der Berechnung der Prioritätszahlen anhand der drei Faktoren Eintrittswahrscheinlichkeit, Bedeutung und Entdeckungswahrscheinlichkeit geäußert. Unternehmen passen den Berechnungsprozess in der Praxis häufig an und operieren mit modifizierten Berechnungsgrundlagen. Insbesondere der Einfluss der Größe Entdeckungswahrscheinlichkeit führt zu intensiven Diskussionen. Eine Modifikation erscheint möglich, wobei wichtig ist, dass diese hinreichend begründet und von allen involvierten Abteilungen mitgetragen sowie einheitlich angewendet wird.

2.3 Schwachstellenanalytik

- ■ *Problemstellung:* Frühzeitiges Lokalisieren von Schwachstellen durch Datenauswertung bei mehreren vergleichbaren Betriebsstätten
- ■ *Zielgruppe:* Produktionsleiter, Qualitätsmanager, Prozessmanager
- ■ *Voraussetzungen:* Betriebsdatenerfassungssysteme, Möglichkeit zur Bündelung dezentraler Daten und Schaffung gleicher Datenbeschreibungsformate

Zielsetzung der Schwachstellenanalytik

Die Schwachstellenanalytik unterstützt das systematische,

segment- oder betriebsstättenübergreifende Aufdecken von Schwachstellen in Produktionsstätten mittels *strukturierter Datenauswertung*. Schwachstellen sollen durch Vernetzung von Daten und darauf aufbauenden Analysen früher identifiziert werden als dies durch eine isolierte Betrachtung von Objekten möglich wäre. Mit Hilfe dieser Methode plant man, an bestimmten Orten auftretende Schwachstellen zu erkennen und daraus Rückschlüsse für andere Bereiche zu ziehen, die unter ähnlichen Voraussetzungen operieren, in denen die Schwachstellen aber noch nicht aufgetreten sind. Durch vorbeugende Eingriffe kann das Eintreten eines Schadens aufgrund existierender Schwachstellen vermieden werden. Insbesondere in mechanisierten und automatisierten Produktionssystemen kann die konsequente Anwendung der Methode Kosten in hohem Umfang sparen. So können beispielsweise Stillstands- und Reparaturkosten von Produktionsanlagen begrenzt und die Anlagenverfügbarkeit erhöht werden.

Beschreibung der Schwachstellenanalytik

Die Schwachstellenanalytik hat sich auf der Grundlage der Störstellenanalytik entwickelt. Störstellen sind Orte innerhalb der Produktion, an denen Störungen auftreten, wie ein Maschinenausfall aufgrund des Defekts eines Maschinenteils und ein daraus resultierender Produktionsstillstand.[82] Allerdings stellen nicht nur Störungen Schwachstellen dar. Abbildung 35 enthält Ereignisse, die mit dem Begriff der Schwachstelle umschrieben werden, und verdeutlicht, mit welchen Auswirkungen Schwachstellen behaftet sind.

Störungen verursachen Ausfallzeiten und eine geringere Anlagenverfügbarkeit. Niedrige Standzeiten von Kompo-

---

[82] Dies beeinflusst in erster Linie die Verfügbarkeit als wichtige Eigenschaft von Produktionssystemen (vergleiche Keßler & Uygun 2007, S. 68).

nenten einer Produktionsanlage erfordern, dass Werkzeuge oder Baugruppen vorzeitig ausgetauscht werden müssen. Negative Leistungsdifferenzen bedeuten, dass die Ist-Leistung einer Anlage deutlich von der angegebenen Soll-Leistung abweicht. Das Auftreten derartiger Schwachstellen verursacht nicht nur organisatorischen Aufwand und führt zu Verzögerungen in den Produktionsprozessen, sondern lässt in erheblichem Maße zusätzliche Kosten entstehen.

Kostenkategorie \ Schwachstellenart	Störungen	Niedrige Komponentenstandzeiten	Negative Leistungsdifferenzen
Instandsetzungskosten	X	X	
Opportunitätskosten	X		X

Abbildung 35: Schwachstellenarten[83]

Die Methode der Schwachstellenanalytik soll Störungen, niedrige Komponentenstandzeiten und negative Leistungsdifferenzen frühzeitig erkennen und lokalisieren sowie deren Ursachen erfassen, analysieren und bewerten und darauf aufbauend Verbesserungsmöglichkeiten aufzeigen, die insbesondere auch zu Kostensenkungen beitragen.[84] Zur Durchführung einer funktionsfähigen Schwachstellenanalytik bedarf es vor allem der Verfügbarkeit von Daten, die im Allgemeinen dezentral in den ent-

---

[83] Mieke (2009, S. 68).

[84] Vergleiche Specht, Mieke & Lutz (2004, S. 614 f).

sprechenden Anlagen erfasst werden. Von besonderem Interesse sind hierbei etwa Ausfallzeiten und Ausfallursachen, Instandsetzungszeiten, Materialverbrauch, Leistungsparameter und Komponentenstandzeiten. Die Erzeugung der Daten erfolgt auf zwei Wegen: Einerseits sind zahlreiche Daten automatisch, zum Beispiel per Maschinendatenerfassung, generierbar. Andererseits muss man Daten wie Ausfallursachen manuell erzeugen. Die Datenbestände müssen gespeichert, zusammengeführt und angereichert werden. Vor allem betriebswirtschaftliche Größen wie erhöhte Kosten und entgangene Gewinne komplettieren das Datengerüst.

Werden die angegebenen Daten nach einheitlichem Muster erfasst, gebündelt und ausgewertet, können Unternehmen beispielsweise erkennen, dass der defekte Antrieb der Drehmaschine im Werk A kein zufälliger Fehler ist, da dieser Fehler gegebenenfalls auch in den Werken B und C auftritt. Entscheider können somit frühzeitig – vor dem erneuten Auftreten des Fehlers im Werk A – nach einer Lösung suchen, welche die Ursache eines offenkundig systematischen Fehlers beseitigt. Dass es sich hier um einen systematischen Fehler handelt, kann man erst durch die Zusammenführung der Daten aus den verschiedenen Werken erkennen. Eine isolierte beziehungsweise dezentrale Betrachtung würde dies nicht ermöglichen.

Anwendungsbereich und Anwendungsprozess

Die Schwachstellenanalytik – vor allem mit dem weit über Störungen hinausgehenden Schwachstellenbegriff – kann man an verschiedenen Stellen einsetzen. Der klassische Einsatzort ist die industrielle Produktion. Weiterhin kann man sie im Bereich von Logistiksystemen gewinnbringend nutzen. Aber auch eine Ausweitung auf administrative Bereiche oder auf Unternehmensnetzwerke ist denkbar. Der Ort der Durchführung der Schwachstellenanalytik wird dann von der Produktions- zur Organisationsabteilung wechseln. Der Prozess der Schwachstellenanalytik lässt sich in fünf Schritte gliedern, die in Abbildung 36 skizziert sind.[85]

Zunächst muss man Daten erfassen, zusammenführen und aufbereiten. Teilweise müssen diese noch in ihren Beschreibungsformaten harmonisiert oder hinsichtlich einzelner Merkmalsebenen ergänzt werden. Insbesondere betriebswirtschaftliche Daten lassen sich nicht aus der Maschinendatenerfassung erzeugen, sondern erfordern eine Ergänzung. Teilweise kann man Kostengrößen nicht direkt erfassen oder exakt zuordnen. In diesen Fällen hilft der Einsatz von Schätzverfahren, die eine hinreichende Berücksichtigung fehlender Größen erlauben.

Nach der Zusammenführung der Daten beginnt die eigentliche Analyse, die sich an folgenden Leitfragen orientiert: Wo treten gleiche Schwachstellen auf? Welche wirtschaftlichen Auswirkungen haben die einzelnen Schwachstellen? Nach Möglichkeit sollte eine Priorisierung der Schwachstellen nach der Höhe der verursachten Kosten vorgenommen werden. Vielfach wird man auch *Schwachstellencluster* bilden, also Gruppen, die entweder verschiedene Schwachstellen mit gleichen Ursachen oder gleiche Schwachstellen mit unterschiedlichen Ursachen zusammenfassen. Grafische Darstellungen der Ergebnisse erleichtern die schnelle Erfassung von Schwachstellen,[86] die einer zeitnahen Abstellung bedürfen.

---

[85] Vergleiche Specht, Lutz & Mieke (2005, S. 274).
[86] Vergleiche Wiendahl, Brückner & Lorenz (1999, S. 24 f).

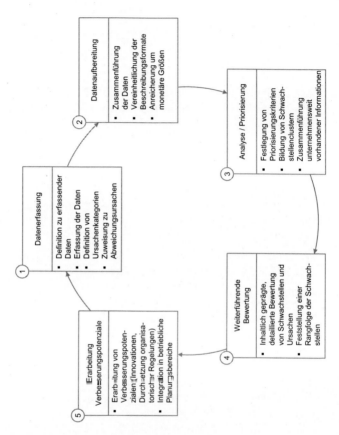

Abbildung 36: Prozess der Schwachstellenanalytik[87]

---

[87] Mieke (2009, S. 71).

Möglicherweise gehen einzelne Ursachen noch nicht aus den Schwachstellenbeschreibungen hervor und müssen erst durch einen technisch orientierten Analyseprozess herausgearbeitet werden. Diese Daten sollte man in den Bestand nachpflegen und eine Klassifizierung und Priorisierung vornehmen.

Abschließend werden für die Schwachstellen mit den größten negativen Wirkungen Verbesserungspotenziale erarbeitet. Derartige Verbesserungen können in der Beschaffung von höherwertigen Ersatzteilen aus anderen Beschaffungsquellen, aber auch in der technischen Weiterentwicklung einer Produktionsanlage oder der Suche nach alternativen Produktionstechnologien liegen. Die Ergebnisse der Schwachstellenanalytik sollten so aufbereitet, gespeichert und zugänglich gemacht werden, dass sie sowohl in der Anlagenoptimierung als auch bei der Neuplanung Berücksichtigung finden können.

Weiterführende Hinweise

Die Schwachstellenanalytik sollte zentral beschlossen und verortet werden. Zwar muss die Datenerfassung dezentral erfolgen. Allerdings kann man ohne zentrale und einheitliche Definition von Datenformaten und Fehlerkategorien keine rechnergestützten Auswertungen der Daten realisieren und somit auch kaum systematische Fehler frühzeitig erkennen. Die Definition von Ursachenkategorien kann ein langwieriger Prozess sein. Diese Erarbeitung wie auch die Disziplin der im Umgang mit etwaigen Formularen befassten Mitarbeiter bestimmen im Wesentlichen spätere Auswertungsmöglichkeiten. Gelingt es nicht, einen Zahnradbruch in einem Getriebe einheitlich als Fehlerursache „Zahnradbruch im Getriebe" zu beschreiben, sondern wird der Fehler möglicherweise einmal als „Zahnrad defekt", einmal als „Getriebeschaden", einmal als „Zahn abgebrochen" oder ein andermal als „Schaden an Getriebeverzahnung" bezeichnet, kann keine automatisierte Erkennung und Zusammenführung der Schwachstellen erfolgen. Die Einbeziehung des Instandhaltungspersonals in die Definition der Fehlerursachen hat sich als erfolgversprechende Vorgehensweise herausgestellt. Zum einen verfügen die Mitarbeiter über großes Erfahrungswissen, das eine bessere Ursachenkategorienbildung ermöglicht. Zum anderen fällt ihnen die Anwendung einer selbst mitgestalteten Methode im späteren alltäglichen Einsatz in der Regel leichter.

In vielen Unternehmen wurden in der Vergangenheit ganze Unternehmensbereiche ausgelagert. Das heißt, Unternehmensaufgaben wie die Instandhaltung wurden an Dienstleister übertragen. In den Aufbau einer Schwachstellenanalytik sollten diese externen Instandhaltungsdienstleister einbezogen werden. Möglicherweise sind sie über modifizierte Anreiz- und Vergütungssysteme zur Mitwirkung zu motivieren. Dabei sollte man ihnen vor allem die Sorge nehmen, dass sie sich bei intensiver Beteiligung an der Schwachstellenanalytik als Instandhaltungsdienstleister selbst überflüssig machen.

2.4 Wertstromanalyse und Wertstromdesign

■ *Problemstellung:* Analyse von Produktions- und Logistikprozessen mit dem Ziel der Schaffung einer verschwendungsfreien Fabrik

■ *Zielgruppe:* Produktionsleiter, Fabrikplaner, Logistikplaner, Prozessoptimierer, Lieferantenentwickler

■ *Voraussetzungen:* Methodisch erfahrenes und geschultes Team

Zielsetzung der Wertstromanalyse und des Wertstromdesigns

Die Wertstromanalyse und das Wertstromdesign stellen darauf ab, eine Fabrik zu gestalten, in der keine Verschwendung auftritt,[88] in der das Schlankheits- oder Lean-Prinzip verfolgt wird und in der die Produktion am Kunden orientiert ist. Zu diesem Zweck untersucht die Wertstromanalyse die Prozesse beziehungsweise Flüsse in der Fabrik nach einem bestimmten Muster. So werden etwa Produktionsströme und Logistikprozesse sowie informationelle Flüsse deutlich voneinander abgegrenzt. Die Aufnahme der Ist-Situation und die Abbildung mittels einer symbolreichen Darstellungsweise sollen als Kommunikationsgrundlage dienen und die Identifikation von Problemstellen innerhalb des Wertschöpfungssystems erleichtern. Das Wertstromdesign stellt erprobte, aufeinander abgestimmte Prinzipien bereit, auf deren Grundlage der angestrebte, schlanke Zustand sichergestellt werden soll. Die erarbeiteten Maßnahmen sollen durch Standardisierung Eingang in die Produktion und in das Tagesgeschäft erfahren, wobei die Wertstromanalyse und das Wertstromdesign keine einmaligen Optimierungsmaßnahmen darstellen. Mit Hilfe dieser Methoden sollte die Produktion immer wieder durchleuchtet und angepasst werden, um eine kontinuierliche Verbesserung zu erzielen.

Beschreibung der Wertstromanalyse und des Wertstromdesigns

Wertstromanalyse und Wertstromdesign unterstützen die Schaffung einer schlanken Produktion, die im englischsprachigen Kontext als Lean Production bezeichnet wird. Verschwendungsursachen werden beseitigt und kom-

---

[88] Vergleiche Rother (2004, S. 3 ff).

plexe Fabriken transparent gemacht. Die Wertstromanalyse bildet die Wertströme jeweils für ein Produkt oder
eine Produktfamilie ab. Daher müssen Unternehmen als
Grundlage für die Anwendung dieser Methode zunächst
eruieren, welche Produkte eine Produktfamilie bilden.
Dies werden häufig nicht nur zusammengefasste Varianten sein, sondern ähnliche Produkte, die möglicherweise
die gleichen Rohstoffe nutzen und in gleicher technologischer Folge auf den gleichen Maschinen bearbeitet werden. In einer Möbelfabrik könnten etwa Tische und
Stühle eine Produktfamilie bilden und Kleiderschränke
und Kommoden eine andere. Die Erhebung der Wertströme realisiert man in der Fabrik. Ein Team erfasst die
Wertströme beginnend an der Senke, also am Prozess-
ende. Das Entnehmen von Informationen aus Dokumen-
ten und die Überführung in die Notation der Wertstromanalyse sind nicht zielführend. Nur eine Aufnahme der re-
alen Situation ermöglicht das Erkennen von Verschwendung.

Zur Analyse gehört die Erstellung einer Wertstromdarstellung mit den Symbolen der Wertstromanalyse. In diese
Darstellung werden – vom Grundansatz ähnlich einer
mehrdimensionalen Prozessdarstellung – weitere Größen
eingetragen. So finden sich etwa tabellenartige Elemente,
die einzelne Produktionsschritte hinsichtlich bedeutender
Charakteristika wie Rüstzeiten, Bearbeitungszeiten, Ver-
fügbarkeiten oder Nacharbeitsquoten näher beschreiben.
In Bezug auf Materialflüsse werden etwa Lagerbestände
und Reichweiten der Bestände ausgewiesen. Zudem zeigt
man Wertschöpfungs- und Durchlaufzeiten.[89] Auch Informationsflüsse finden sich in der gleichen Darstellung.

---

[89] Die Methode begnügt sich nicht mit der Darstellung von Abläufen, sondern weist „Abweichungen von Prinzipien der

Die gemeinsame Abbildung von Wertschöpfungsprozessen, Materialflüssen und Informationsströmen sollen eine ganzheitliche Sichtweise und Analyse unterstützen.

Die Zusammenführung unterschiedlicher Dimensionen in einer übersichtlichen Darstellung erfordert die Verwendung klar definierter und farblich gestalteter Symbole.[90] Hier hat sich eine wertstromanalyse-spezifische, wenig wissenschaftlich anmutende, aber sehr eingängige Notation herausgebildet, die auch Betrachtern einen schnellen Zugang ermöglicht, die nicht mit der Methode vertraut sind. Abbildung 37 illustriert diesen Gedanken anhand ausgewählter Beispiele.

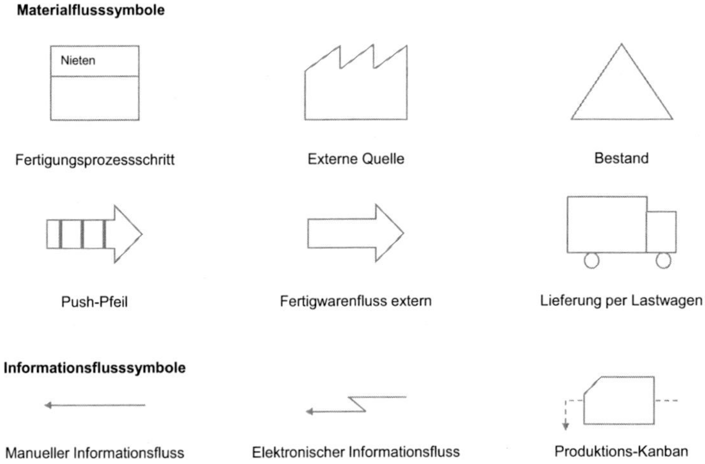

Materialflusssymbole

| Nieten |

Fertigungsprozessschritt   Externe Quelle   Bestand

Push-Pfeil   Fertigwarenfluss extern   Lieferung per Lastwagen

Informationsflusssymbole

Manueller Informationsfluss   Elektronischer Informationsfluss   Produktions-Kanban

Abbildung 37: Notation Wertstromanalyse

Schlanken Produktion unmissverständlich" aus (Syska 2006, S. 176).

[90] Zur Symbolübersicht vergleiche Erlach (2010, S. 384 f).

In der Abbildung werden mit Blitzen jene Stellen markiert, an denen Schwächen auftreten. Mögliche Verschwendungen sind etwa im Bereich der Produktionsflüsse nicht erforderliche Prozessschritte, im Bereich des Logistiksystems unnötig hohe Bestände oder im Feld der Informationsflüsse die Mehrfachdatenerfassung. Wertstromdesigns nutzen die gleiche Notation wie die Wertstromanalyse. Auf deren Basis modelliert man ein verbessertes System ohne die zuvor benannten Schwächen. Insofern dürften die entsprechenden Darstellungen keine Blitze mehr enthalten. Vielfach wird nicht nur eine lokale Veränderung an der unmittelbaren Problemstelle vorgenommen, sondern im Anschluss an die Ursachensuche eine grundsätzliche Neugestaltung ganzer Prozessabschnitte durch Fehlerbeseitigung angestrebt.

Anwendungsbereich und Anwendungsprozess

Der primäre Anwendungsbereich der Wertstromanalyse und des Wertstromdesigns liegt in der industriellen Stückgutproduktion. Die Art des Stückgutes spielt dabei keine Rolle – es kann eine Büroklammer oder eine Lokomotive sein. In jüngster Zeit finden sich auch Adaptionen und Modifikationen für weitere Bereiche etwa mit stärkerer Orientierung auf logistische Belange.

Der Prozess gliedert sich im Wesentlichen in vier Schritte, die in Abbildung 38 beschrieben sind.[91] In der ersten Phase werden die *vorbereitenden Tätigkeiten* wie die Abgrenzung des Untersuchungsbereiches, die Auswahl der Teammitglieder, die Bildung der Produktfamilien oder die Erarbeitung eines Projektplanes ausgeführt. Daran schließt sich die eigent-

---

[91] Vergleiche die leicht abweichend strukturierte, aber auch in vier Schritte untergliederte Vorgehensweise bei Erlach (2010, S. 36).

liche Wertstromanalyse an. Die Mitglieder des Wertstrom-
analyseteams *durchlaufen die Produktion* entgegen der Wert-
schöpfungsrichtung. Dieses Vorgehen unterstützt die
Wahrnehmung der Wertschöpfungsergebnisse und Wertschöpfungsprozesse aus Kundensicht. Es werden charak-
teristische Größen zur Beschreibung der Prozesse ermittelt.
Die Erhebung erfolgt als Momentaufnahme – umso wichtiger ist es, dass die Analyse in einem Zeitraum durchgeführt wird, der als repräsentativ gelten darf.

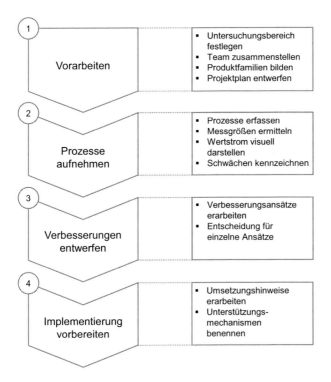

Abbildung 38: Ablauf der Wertstromanalyse

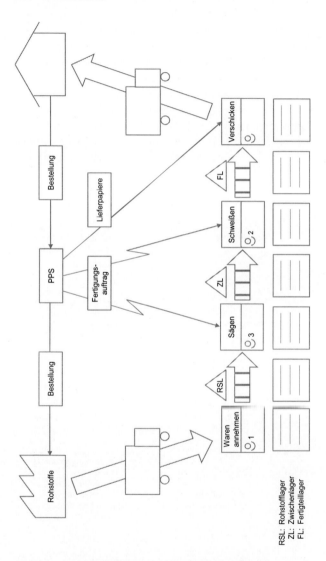

Abbildung 39: Beispiel einer Wertstromdarstellung

Es wird eine Visualisierung der Wertströme wie in Abbildung 39 vorgenommen, in der einige Schwächen wie zu lange Durchlaufzeiten oder eine nicht optimale Auslastung der Betriebsmittel gekennzeichnet sind. Anschließend werden in der Phase des Wertstromdesigns die *Materialflüsse klarer strukturiert*, wobei man zumeist einer produktfamilienorientierten Segmentierung folgt. Ferner werden die Prozesse neu gestaltet und die Produktionsplanungs- und Produktionssteuerungssystematik angepasst. Die Empfehlungen reichen bis zur Gestaltung eines flussorientierten Fabriklayouts. Der letzte Schritt beinhaltet die *Ausarbeitung von Implementierungshinweisen*. Diese machen deutlich, wie der Übergang vom Ist-Zustand zum neu konzipierten Soll-Zustand erfolgen kann.

Weiterführende Hinweise

Viele Unternehmen berichten von Erfolgen durch die Anwendung von Wertstromanalysen und Wertstromdesigns. Allerdings darf nicht übersehen werden, dass auch diese Methode kein Allheilmittel darstellt – gelegentlich werden unübersichtliche oder zu wenig detaillierte Darstellungen beklagt.[92] Mit dieser Methode kann man nicht alle Probleme beheben, und auch andere Methoden sind in der Lage, zumindest einen Teil der aufgedeckten Schwächen zu lokalisieren. Ungeachtet dieser Kritik ist die Wertstromanalyse aufgrund ihrer klaren und pragmatischen Verfahrenshinweise sowie dank ihrer verständlichen Darstellungsform und ihres ganzheitlichen Ansatzes gut geeignet, Problemfelder zu identifizieren und die Definition von Veränderungsmaßnahmen zu unterstützen. Wie so oft, hängt der Erfolg auch hier von der Teamzusammenstellung und der Unterstützung der Leitungsebene ab.

---

[92] Vergleiche Becker (2005, S. 124).

Denn selbst die leistungsfähigste Methode bleibt ohne Wirkung, wenn die zur Anwendung und Umsetzung erforderlichen Mitarbeiter nicht zur Verfügung stehen.

2.5 Kanban

- ■ *Problemstellung:* Veränderung der Produktionssteuerung mit dem Ziel der Erhöhung der Liefertermintreue und der Begrenzung der Bestandshöhe
- ■ *Zielgruppe:* Produktionsleiter, Produktionsplaner, Produktionssteuerer, Materialwirtschaftsleiter, Logistikleiter, Arbeitsvorbereiter
- ■ *Voraussetzungen:* Fertigung vergleichbarer Güter mit ähnlicher Produktionsweise

Zielsetzung von Kanban

Kanban ist ein Ansatz zur Produktionssteuerung wie auch die Belastungsorientierte Auftragsfreigabe oder das Fortschrittzahlensystem, die mit BOA beziehungsweise FZ abgekürzt werden. Mit Hilfe von Kanban verfolgt man das Ziel, eine effiziente Ablaufgestaltung in der Produktion zu erreichen. Die Aufträge für die Produktion sollen durch die aktuelle Nachfrage und durch aktuelle Bestände ausgelöst werden. Das heißt, es soll nur das produziert beziehungsweise nachproduziert werden, was durch die Folgestufen verbraucht wird, um somit Verschwendung in Form von Überproduktion zu vermeiden.[93] Unternehmen, die ein Kanban-System erfolgreich etabliert haben, zeichnen sich unter anderem aus durch eine bedarfs-

---

[93] Vergleiche Lödding (2005, S. 178).

gerechte Produktion, eine verbesserte Einhaltung von Lieferterminen und eine höhere Motivation und Problemlösungsbereitschaft der Mitarbeiter.

Beschreibung von Kanban

Kanban steht im Japanischen für Karte. Es ist ein System, das weitgehend auf Selbststeuerung setzt. Die Produktion wird nicht durch eine zentrale Instanz im Detail gesteuert, sondern realisiert die Steuerung im Sinne eines autopoietischen Systems. Das Mittel bilden Karten, welche die notwendigen Informationen enthalten.[94] Sie fungieren koordinierend zwischen Verbrauchern beziehungsweise nächsten Bearbeitungsstationen und Bereitstellern beziehungsweise vorgelagerten Bearbeitungsstationen in einer Produktion. Kurzfristige Steuerungsfunktionen übernehmen die Mitarbeiter selbst. Es ist keine leitende Instanz dafür nötig. Im Kanban-System ist das *Hol-Prinzip* und nicht das sonst übliche *Bring-Prinzip* verankert. Auf der Kanban-Karte – siehe hierzu Abbildung 40 – werden zur Steuerung wichtige Informationen hinterlegt:[95]

- Teilebezeichnung und Identifikationsnummer,
- produzierende Stelle oder Abteilung,
- verbrauchende beziehungsweise weiterbearbeitende Stelle oder Abteilung,
- Menge und Losgröße,
- Zeitpunkt der Lieferung.

---

[94] Vergleiche Nyhuis, Wiendahl, Fiege & Mühlenbruch (2006, S. 342).

[95] Vergleiche Lödding (2005, S. 179).

<Strichcode> Ident-Nr.	Produktions-Kanban oder Transport-Kanban		Behälter: X/Y	
Artikel-Nr. 00001	Artikel Bezeichnung: Stuhlbein		Menge 10 Stück	Wiederbeschaffung 8 Stunden
Lieferant	Lagerort		Verwender	
Arbeitsplatz AP	Regal 1 Fach 2		Arbeitsgruppe AG	

Abbildung 40: Beispiel einer Kanban-Karte

Die Kanban-Karte als Signalgeber und Informationsträger entwickelte sich in einer Zeit, in der elektronische Informations- und Kommunikationstechnologien in Unternehmen noch nicht im Einsatz waren. Heute funktioniert dieses System zwar immer noch, wenngleich eine Umstellung von physischen Karten auf andere Informationsträger sinnvoll erscheint. So kann man statt Karten etwa akustische oder optische Signalgeber einsetzen. Anzeigetafeln oder auch Computerbildschirme können statt physischer Karten die Aufträge und deren Bearbeitungsreihenfolge anzeigen, und die Informationsübermittlung kann auf elektronischem Wege erfolgen.[96] Der Verbraucher wird die Entnahme von Vorprodukten zur weiteren Bearbeitung kenntlich machen, während bei Unterschreitung eines definierten Mindestbestandes ein Kanban-Auftrag zur Nachproduktion der entnommenen Vorprodukte an die vorgelagerte Bearbeitungsstation übermittelt und bei dieser auf dem Bildschirm angezeigt wird.

Anwendungsbereich und Anwendungsprozess

Anwendungsfeld der Kanban-Steuerung ist vor allem die industrielle Stückgutproduktion von Standarderzeugnis-

---

[96] Vergleiche Wildemann (2008, S. 24).

sen mit Varianten, die vorzugsweise in Linien- oder Gruppenfertigung, teilweise auch in Werkstattfertigung, realisiert wird. Soll diese Art der Produktionssteuerung eingeführt werden, muss man zunächst Rahmenbedingungen schaffen, welche die Funktionsweise der Kanban-Steuerung ermöglichen und unterstützen. Wildemann benennt in diesem Zusammenhang folgende Voraussetzungen:[97]

- Standardisierung von Teilen und Bildung von Teilefamilien mit dem Ziel, einen gleichmäßigen Teileverbrauch zu fördern und den Anteil wiederkehrender Tätigkeiten zu steigern. Angestrebt werden den Tagesbedarf unterschreitende Produktionslose, die in ihrem Umfang fix sind und bei veränderter Nachfrage weniger oft oder aber häufiger produziert werden.

- Ablauforientierte Anordnung der Betriebsmittel innerhalb der Fabrik und Harmonisierung der Produktionskapazitäten der durch den Ablauf miteinander gekoppelten Anlagen zur Angleichung von Arbeitsgeschwindigkeiten und Arbeitstakten und eine damit einhergehende Verringerung oder gar Abschaffung von Pufferlagern.

- Erarbeitung von Lösungen, die geringe Rüstzeiten und hohe Anlagenverfügbarkeit befördern, um Störungen und deren Auswirkungen gering zu halten und ferner ein hohes Maß an Flexibilität für etwaige quantitative oder auch qualitative Veränderungen des Bedarfs bereithalten zu können.

- Etablierung von Produktionsweisen und Qualitätssicherungsmaßnahmen, die eine geringe Ausschussrate garantieren.

---

[97] Vergleiche Wildemann (1984, S. 38 ff).

Sind diese Voraussetzungen erfüllt, werden die Pufferlager mit ihren Bestandshöhen und den Meldebeständen
definiert. Diese hängen unter anderem von den Bereitstel-
lungszeiten für das nächste fertige Produktionslos ab. Anschließend werden die ermittelten Voraussetzungen phy-
sisch bereitgestellt und eine Umstellung von meist zentraler *Push-Produktionssteuerung* auf die weitgehend dezentral
orientierte *Pull-Steuerung* mit Kanban vorgenommen. In
dieser Logik befinden sich auch Pufferlager zwischen den
Stationen, die mit den von der nächsten Produktionsstufe
benötigten Vorprodukten ausgestattet sind. Entnimmt die
in Materialflussrichtung dahinter liegende Bearbeitungsstation benötigte Teile, wird geprüft, ob der definierte
Meldebestand erreicht ist. Ist dies nicht der Fall, erfolgt
keine Meldung. Ist der Meldebestand unterschritten, erfolgt eine Übergabe der Kanban-Karte – oder aber eine
elektronische Meldung – an die vor dem Pufferlager liegende Bearbeitungsstation. Diese interpretiert die Karte
als Fertigungsauftrag und hat nun dafür zu sorgen, dass
das gewünschte Material in auf der Karte verzeichneter
Menge produziert und durch Lieferung – nebst Kanban-
Karte – im nachgelagerten Pufferlager der verarbeitenden
Station verfügbar gemacht wird. Die nachgelagerte, verar-
beitende Station nutzt die bereitgestellten Teile, und bei
Erreichen des Meldebestandes beginnt der beschriebene
Zyklus von Neuem. Auf diese Weise werden in Abhängigkeit von der aktuellen Bedarfs- und Bestandssituation
nur die tatsächlich benötigten Erzeugnisse erstellt. Die
zentrale Instanz fungiert nicht mehr als operativer Steue-
rer. Dennoch wird weiterhin eine zentrale Produktionsplanung erforderlich sein, welche die strategische Programmplanung und die taktische Kapazitäts- und Materi-
alplanung ausführt. Ein Kennzeichen der Kanban-Steuerung ist, dass auf operativer Ebene die Abstimmung direkt

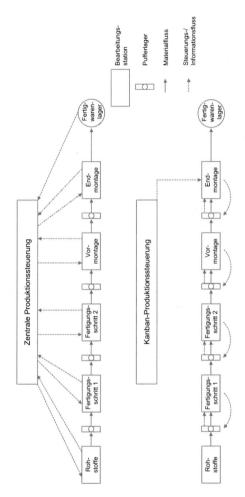

Abbildung 41: Vergleich zentraler Produktions- und Kanban-Steuerung[98]

---

[98] Modifiziert nach Schulte (2009, S. 426).

und dezentral zwischen den beteiligten Akteuren stattfindet. Eine Kommunikation über die zentrale Instanz zur Produktionssteuerung ist – wie in Abbildung 41 dargestellt – nicht mehr vorgesehen.[99]

In der Einführungsphase wird man genau beobachten und gegebenenfalls nachjustieren, ob die vorgegebenen Mengen in den Pufferlagern adäquat bemessen, die Produktionszeiten und Kapazitäten der Bearbeitungsstationen hinreichend harmonisiert und die Mitarbeiter bedarfsgerecht qualifiziert sind.

Weiterführende Hinweise

Die Kanban-Steuerung ist nur eine Art der Produktionssteuerung und kann nicht jeder Produktion empfohlen werden. Sie wird hier stellvertretend angeführt, um deutlich zu machen, dass die Art der Produktionssteuerung wesentlich die Erreichung produktionswirtschaftlicher Zielstellungen beeinflusst. Eine Erfassung der Produktionscharakteristika und die Umstellung auf die am besten geeignete Steuerungsart kann erhebliche Fortschritte bringen – jedoch nur, wenn die erforderlichen Rahmenbedingungen geschaffen werden. Unabhängig davon kann man die Kanban-Steuerung in vielen stückguterzeugenden Branchen gewinnbringend einsetzen. Allerdings haben sich die Akteure innerhalb der Produktion an einige Grundregeln zu halten: Der Produzent der weiterzuverarbeitenden Güter darf nicht mehr produzieren als angefordert, darf Güter nur nach Bestellung fertigen und keine Ausschussteile weitergeben. Der nachfragende Weiterverarbeiter darf erst dann Vorprodukte ordern, wenn diese benötigt werden, also der Meldebestand unterschritten ist. Die Produktionssteuerer sollten eine Steuerung mit weni-

---

[99] Vergleiche Schulte (2009, S. 426).

gen Karten in den Regelkreisen bei gleichmäßiger Auslastung anstreben. Die Grenzen der Anwendung dieser betriebswirtschaftlichen Methode liegen in Unternehmen, die auf die Produktion kundenindividueller Erzeugnisse ausgerichtet sind. Hier ändern sich einige Bedingungen wie Produktkonfiguration, benötigte Vorprodukte und technologische Folge. Für diese Bedingungen bietet das Kanban-System keine adäquate Steuerungssystematik. Auch Baustellenfertigung oder Fließbandproduktion stellen keine primären Einsatzfelder dieser Produktionssteuerungsart dar.

2.6 Postponement

- *Problemstellung:* Hohe Lagerbestände nicht gefragter Varianten und Lieferengpässe bei stark nachgefragten Varianten sowie schwierige Vorhersage der Nachfrageverteilung
- *Zielgruppe:* Produktionsleiter, Logistikleiter
- *Voraussetzungen:* Benötigte Zeit für verbleibende Produktionsschritte ist kleiner als die vom Kunden akzeptierte Lieferzeit

Zielsetzung des Postponement

Kunden fordern immer häufiger individualisierte Produkte. Produkte in Einheitsfarbe, -größe und -ausstattung sind in vielen Märkten kaum mehr absetzbar. Gerade bei Konsumgütern beeinflussen schnelllebige, teils schwer vorhersagbare Trends die Nachfragepräferenzen der Kunden. Zahlreiche Produkte verfügen jedoch über längere Produktionszeiten als versprochene Lieferzeiten.

Dies führt in der Regel dazu, dass verschiedene Varianten der Produkte vorproduziert und gelagert werden. Geht dann ein Auftrag ein, kann man die gewünschten Produkte versenden. In der Praxis wird immer wieder beklagt, dass einige dieser Varianten einer nicht klar prognostizierbaren Nachfrage unterliegen, während andere keinen Absatz finden und zum Ladenhüter werden. In dieser Gemengelage haben Unternehmen hohe Lagerkosten, Wertvernichtung und gegebenenfalls Abwanderung von Kunden zu verzeichnen. Postponement ist eine betriebswirtschaftliche Methode der Verzögerung, welche darauf abzielt, die Lager- und Kapitalbindungskosten zu verringern sowie Kunden mit den gewünschten Ausführungen innerhalb der angegebenen Lieferzeit zu versorgen und somit an das Unternehmen zu binden.

Beschreibung des Postponement

Postponement hat zum Ziel, Produkte erst dann fertig zu produzieren, wenn Kundenaufträge vorliegen. Es wird nicht basierend auf den Planzahlen des Absatzbereiches gefertigt und montiert, sondern kundenauftragsbezogen produziert. Gelegentlich kann man den Erstellungsvorgang vollständig nach Eingang des Kundenauftrages durchführen. Dies erfordert, dass die Durchlaufzeit durch die Produktion geringer ist als die angekündigte oder vereinbarte Lieferzeit. Demnach müssen Rüstvorgänge schnell durchführbar und auch kleine Mengen effizient produzierbar sein. Sind diese Bedingungen nicht erfüllt, kann durch Vorproduktion der Erzeugnisse bis zu einem definierten Fertigstellungsgrad ein Vorrat an Standard-Vorprodukten geschaffen werden. Diese kann man nach Eingang eines Auftrages mittels letzter Produktionsschritte nach Kundenwunsch ausführen. Es handelt sich insofern um eine späte Variantenbildung.[100] Diese späte Variantenbildung ist an Voraussetzungen wie etwa Modularisierung und Standardisierung gebunden, die nachstehend erläutert werden. Anwendung findet das Postponement vor allem im Produktionsbereich, wobei man diese Methode auch mit einer Logistiksichtweise verknüpfen und dadurch einen breiteren Möglichkeitsraum schaffen kann. Abbildung 42 zeigt verschiedene Postponement-Vorgehensweisen.

Produktion \ Distribution	Lieferung vom Lager (Deliver to Stock)	Lieferung durch Kundenauftrag (Deliver to Order)
... vom / auf Lager (Make to Stock)	① Prognoseorientierte Fertigung und Distribution (Full Speculation)	② Verzögerung von Distributionsabläufen (Logistics Postponement)
... durch Kundenauftrag (Make to Order)	③ Verzögerung von Produktionsabläufen (Manufacturing Postponement)	④ Kundenorientierte Fertigung und Distribution (Full Time Postponement)

Abbildung 42: Postponement-Arten[101]

Im Rahmen des Postponement werden eine Produktions- und eine Distributionssicht unterschieden, die man wiederum nach den Ausprägungsmöglichkeiten *Lager* und *Kundenauftrag* differenzieren und miteinander verschränken kann. Die Logistiksicht ist insbesondere dann interessant, wenn keine Direktbelieferung des Kunden durch den Hersteller erfolgt, sondern ein Händler oder ein mehrstufiges Distributionssystem genutzt wird. Fall 1 ist kein Postponement. Hier werden Produktion und Distributionslogistik basierend auf Absatzprognosen gesteuert. Fall 2 umfasst ein logistikseitiges Postponement. Die

---

[100] Vergleiche Melzer-Ridinger (2007, S. 35).

[101] Vergleiche Werner (2013, S. 159).

Ware ist vollständig erzeugt, wird aber nicht in hoher Stückzahl nach einem festen Verteilungsschlüssel einzelnen Verkaufsstätten zugewiesen. Vielmehr verbleiben die Produkte an einer zentralen Stelle und werden je nach Nachfrage zu den unterschiedlichen Distributionspunkten verteilt. Somit werden Transport- und Lagerkosten gesenkt, weil nur die Produkte zum jeweiligen Verkaufspunkt gelangen, die dort nachgefragt werden. Fall 3 ist auf den ersten Blick ungewöhnlich – Lieferung lagerbasiert aber Produktion kundenauftragsbezogen. Hier werden Produkte nahezu fertig produziert – beispielsweise Glückwunschkarten in unterschiedlichen Formaten und Farben – und anschließend verteilt und gelagert. Durch Ausführung eines letzten Schrittes erfolgt die kundenbezogene finale Ausgestaltung des Produktes – Aufkleben eines Kleeblattes oder Aufdruck eines Herzens auf besagte Glückwunschkarten –, die ohne spezielle Produktionsanlagen am Vertriebs- oder Lagerort stattfinden kann. Fall 4 bildet als auftragsbezogene Fertigung und Lieferung die Reinform des Postponement.

Anwendungsbereich und Anwendungsprozess

Postponement stiftet vor allem dort Nutzen, wo mehrstufig zu erzeugende Güter in verschiedenen Ausführungsvarianten zur Verfügung gestellt werden sollen. Während bei Investitionsgütern stärker auf auftragsbezogene Erstellung gesetzt wird, bietet der zunehmende Individualisierungstrend im Konsumgüterbereich gute Ansatzpunkte für Postponement. Die Anwendungsfelder erstrecken sich von Glückwunschkarten über Kleidungstücke bis hin zu Unterhaltungs- und Kommunikationselektronik.

Mit Hilfe des klassischen Postponement versucht man, den Variantenentstehungspunkt innerhalb des mehrstufigen Produktionsprozesses möglichst weit nach hinten zu verlagern. Auf diese Weise können große Teile des Wertschöpfungsprozesses ohne ausgeprägte Rüstzeitanteile und somit effizient realisiert werden. In der betrieblichen Praxis sind hierzu folgende vier Maßnahmenpakete zu berücksichtigen:[102]

▨ Anpassung der Reihenfolge der Produktionsschritte,

▨ Schaffung einer weitgehend einheitlichen technischen Basis der Produkte,

▨ Modularisierung von Produkten,

▨ Standardisierung der Leistungsangebote.

Soll der Variantenentstehungspunkt erst weit hinten im Produktionsprozess liegen, muss man untersuchen, ob die Umstellung des Produktionsprozesses und eine veränderte Reihenfolge der Produktionsschritte oder gar das Umstellen auf alternative Produktionsverfahren das Erreichen dieses Zustandes befördert. Als Paradebeispiel wird für diesen Aspekt immer wieder angeführt: Müssen zuerst Wolle oder Garne gefärbt und daraus anschließend Kleidungsstücke gefertigt werden, oder ist es nicht klüger – und damit konform mit der Methode des Postponement – ungefärbte Wolle und Garne zu Kleidungsstücken zu verarbeiten und diese kundenwunschbezogen zu färben und zu liefern? Derartige Umstellungen wären zu prüfen.

Gelingt es, große Übereinstimmung bezüglich der technischen Basis der Produkte herzustellen, dann können Varianten effizienter erzeugt und Postponement konsequenter betrieben werden. An dieser Stelle suchen Produktmanager und Produktentwickler gemeinsam nach Lösungen.

Modular aufgebaute Produkte – die schon im Konstruk-

---

[102] Vergleiche Arndt (2008, S. 178 ff) und Schulte (2009, S. 375).

tionsprozess modular angelegt sind – können aus vielen gleichartigen und wenigen andersartig gestalteten Modulen bestehen. Durch die wenigen andersartigen Module individualisiert der Kunde sein Produkt. So können etwa Gehäuse in unterschiedlichen Formen und Farben ein weitgehend standardisiertes technisches Innenleben umschließen. Man kann auch an modular aufgebaute Produkte kundenwunschbezogen Zusatzmodule anstecken und somit den Funktionsumfang erweitern, ohne die Produktionsweise nachhaltig zu ändern.

Schließlich unterstützt die Standardisierung von Produkten eine erfolgversprechende Postponement-Umsetzung. Hierbei ist zu prüfen, inwiefern man die Herstellung von ein breites Funktionsspektrum abdeckenden Standardprodukten mit der Möglichkeit zur Individualisierung von Funktionen effizient verknüpfen kann.

Weiterführende Hinweise

Postponement widerspricht dem Ansatz, auf jeden Wunsch der Kunden gut vorbereitet zu sein und sofort liefern zu können. Die Methode zielt bei wachsender Variantenvielfalt darauf, Lagerkosten zu reduzieren und die Produktion zu entlasten. Die Fertigstellung nach erfolgtem Kundenauftrag erfordert, dass Kunden eine Lieferzeit akzeptieren und nicht auf Sofort-Mitnahme bestehen. Auch werden Verschiebungen der Variantenentstehungspunkte nicht immer leicht zu erreichen sein. Kunden wünschen sich zunehmend eine echte Individualisierung. Das heißt, eine bloße Anpassung im letzten Produktionsschritt ist bei zahlreichen Gütern nicht ausreichend. Es stellt eine große Herausforderung dar, sowohl Produktionstechniker und Produktentwickler, als auch Logistiker auf diesem Weg mitzunehmen und zielgerichtet zu koordinieren. Das isolierte Vorgehen eines funktionalen Bereiches wird nicht zum Ausschöpfen aller Verbesserungspotenziale führen. Zudem bietet es sich an, diesen Ansatz mit weiteren betriebswirtschaftlichen Methoden zu verknüpfen. Beispielsweise kann sich die kombinierte Anwendung von Postponement und Cross Docking als sinnvoll herausstellen.

2.7 Retrograde Terminierung

- *Problemstellung:* Verbesserung der Termintreue und Steigerung der Auslastung kapitalintensiver Ressourcen
- *Zielgruppe:* Produktionsleiter, Laborleiter, Fertigungsplaner, Disponent, Arbeitsvorbereiter, F&E-Leiter, Projektmanager, Geschäftsfeldleiter
- *Voraussetzungen:* Angaben zu Ausführungszeiten verschiedener Bearbeitungsschritte unterschiedlicher Aufträge

Zielsetzung der retrograden Terminierung

Die retrograde Terminierung ist eine Methode der *zentralen Grobsteuerung der Produktion.* Im Mittelpunkt stehen die Felder Kapazitätsauslastung und Termintreue. Das Ziel der retrograden Terminierung besteht darin, trotz unterschiedlicher Auftragsvolumina und verschiedenartiger Beanspruchungen der Produktionsressourcen termingerechte Auslieferungen aller Aufträge realisieren zu können und dies nach Möglichkeit, ohne unnötig hohe Bestände in Kauf nehmen zu müssen. Orientiert an diesen Zielgrößen entwickelt die retrograde Terminierung die Auftragsreihenfolge für die einzelnen Steuereinheiten. Steuereinheiten können dabei Fertigungsabschnitte, einzelne Bearbeitungszentren oder Prüflabore sein.

Beschreibung der retrograden Terminierung

Die retrograde Terminierung wird vor allem vom zentralen Fertigungsplaner oder Disponenten genutzt, um für Steuereinheiten Auftragsreihenfolgen vorzuschlagen. Dabei wird in der Regel nur auf sehr grober Ebene, wie Vorgaben auf Tagesebene, operiert.[103] Zu welcher Stunde der einzelne Auftrag auf die Bearbeitungsanlage aufgelegt wird, bleibt eine dezentrale Entscheidung in den Steuereinheiten. Die retrograde Terminierung wird als rollierende Planung ausgeführt. Das heißt, nach Ablauf einer gewissen Zeitspanne wird unter Berücksichtigung verbliebener, noch nicht fertiggestellter Aufträge und neu hinzugetretener Aufträge neu geplant.

Die retrograde Terminierung ist eine Heuristik und wird in einem mehrstufigen, in der Regel dreistufigen Verfahren vollzogen. Retrograd bedeutet, dass die Methode Möglichkeiten zur Eintaktung in die Steuereinheiten vom Ende des Wertschöpfungsprozesses betrachtet. Der Grund für die rückwärtsgerichtete Planung liegt in der Zielstellung der Vermeidung von Lagerbeständen. Wenn man vom aktuellen Zeitpunkt vorwärts terminiert, kann die Situation eintreten, dass mehrere Aufträge deutlich vor dem durch den Kunden gewünschten Liefertermin fertiggestellt werden und man hoch veredelte Güter lagern muss. Damit wären hohe Lager- und auch Kapitalbindungskosten verbunden. Erfahrungen in Unternehmen zeigen, dass neben diesen zu früh fertiggestellten Aufträgen andere Aufträge zu spät abgearbeitet werden. Um diese Situation zu vermeiden, greift man auf die retrograde Terminierung zurück.

---

[103] Vergleiche Vahrenkamp (2008, S. 341).

Anwendungsbereich und Anwendungsprozess

Die betriebswirtschaftliche Methode der retrograden Terminierung kommt insbesondere dann zum Einsatz, wenn Aufträge mit sehr unterschiedlichen Durchlaufzeiten, mit gegebenenfalls differierenden technologischen Folgen und unterschiedlichem Umfang bearbeitet werden müssen. Im Allgemeinen treten derartige Merkmale bei auftragsbezogener Werkstattfertigung auf,[104] die vor allem im Maschinenbau anzutreffen ist. Mittels retrograder Terminierung kann man aber auch entwicklungsnahe Aufträge in Dienstleistungsunternehmen etwa in Testlaboren steuern. Der Ablauf der retrograden Terminierung vollzieht sich in vier wesentlichen Schritten, die in Abbildung 43 aufgeführt sind.[105]

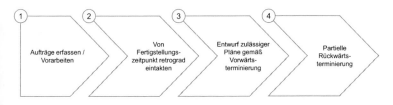

Abbildung 43: Ablauf der retrograden Terminierung

Vor dem eigentlichen Start sind alle vorliegenden Aufträge zu erfassen. Man muss ermitteln, in welcher technologischen Folge die Aufträge jeweils die Steuereinheiten beanspruchen – zum Beispiel Arbeitsplätze – und mit welcher Beanspruchungszeit pro Steuereinheit zu rechnen ist. Diesen Aspekt verdeutlicht der linke Bereich von Abbildung 44. Die erforderlichen Informationen können aus

---

[104] Vergleiche Adam (1990, S. 823) und Adam (1992, S. 17).
[105] Vergleiche Vahrenkamp (2008, S. 342 ff).

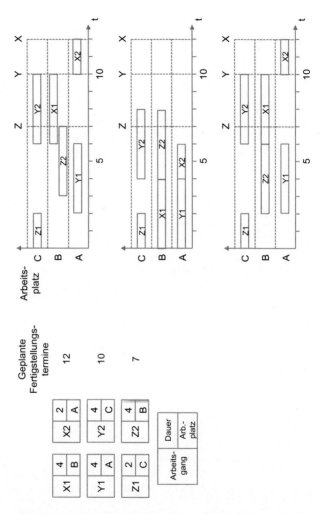

Abbildung 44: Belegungspläne im Verlauf der retrograden Terminierung

Arbeitsplänen abgeleitet werden. Ferner muss man die festgelegten Fertigstellungstermine ausweisen. Im ersten Schritt der Methode werden alle Aufträge von ihrem jeweiligen Fertigstellungszeitpunkt aus retrograd entsprechend ihrer technologischen Folge den einzelnen Steuereinheiten zugewiesen. In diesem Schritt werden kapazitative Beschränkungen noch nicht berücksichtigt. Vielmehr wird darauf abgestellt, dass etwaige Lagerzeiten und Verzögerungen minimal ausfallen. Es werden möglichst späte Starttermine ermittelt. Als Ergebnis der ersten beiden Schritte ergeben sich in der Regel unzulässige Belegungspläne wie die Doppelbelegung von Arbeitsplatz B am Tag 7 in der oberen Belegungssituation von Abbildung 44 verdeutlicht. Dies ist darauf zurückzuführen, dass die Kapazitäten in der Produktion nicht, wie vereinfachend angenommen, unendlich sind. Die Pläne enthalten oft nicht realisierbare Doppelbelegungen – zur gleichen Zeit sollen etwa zwei Aufträge auf derselben Maschine bearbeitet werden.

Im dritten Schritt werden komplexe Arbeitsgänge priorisiert und dem Prinzip der Vorwärtsterminierung folgend eingeordnet, um zulässige Arbeitspläne zu entwerfen. Durch diesen Schritt erhöht sich der Realitätsgrad der Planung, da man Kapazitätsbeschränkungen berücksichtigt und Doppelbelegungen von Steuereinheiten nicht mehr vornimmt. Häufig führt dieser Schritt dazu, dass mehrere Aufträge vor dem gewünschten Auslieferungstermin und andere zu spät fertig werden. Die mittlere Belegungssituation in Abbildung 44 zeigt, dass die Aufträge X und Y zu früh abgearbeitet werden, während Auftrag Z hingegen zu spät fertig wird. Zu früh ausgeführte Aufträge sind deshalb nicht günstig, weil hoch veredelte Güter gelagert werden müssen und somit Lager- und Kapitalbindungskosten entstehen. Zu spät fertiggestellte Aufträge verärgern Kunden und ziehen gegebenenfalls Vertragsstrafen nach sich. Beide Konstellationen sollte man in der Praxis vermeiden.

Im vierten Schritt werden in einer partiellen Rückwärtsterminierung die in Schritt 3 verfrüht fertiggestellten Aufträge retrograd den Steuereinheiten zugewiesen und anschließend die verbliebenen und verspätet fertiggestellten Aufträge per Vorwärtsterminierung in den erarbeiteten, partiellen Plan ergänzt. Im Ergebnis erhält man einen zulässigen Belegungsplan ohne Doppelbelegungen. Dieser weist zum einen Aufträge aus, die in der Mehrzahl exakt zum gewünschten Termin fertiggestellt werden wie die Aufträge X und Y. Zum anderen enthält er einzelne Aufträge, die vor dem gewünschten Termin abgeschlossen werden wie Auftrag Z in der unteren Darstellung von Abbildung 44. Gegebenenfalls werden die Schritte 3 und 4 mehrfach durchlaufen, um ein optimales Resultat zu erzielen. In Summe liegt schließlich die unter den realistischen Bedingungen beste Lösung vor. Es werden keine Vertragsstrafen nötig, und etwaige Lager- und Kapitalbindungskosten fallen nur in geringem Maße an.

Weiterführende Hinweise

Der Disponent hat die Möglichkeit, durch mehrmaliges Durchlaufen der Schritte 3 und 4 und aufgrund der Variation von Parametern in einer Art Sensitivitätsanalyse oder Simulation herauszufinden, welches die vorteilhafteste Belegung ist. Auch sein Erfahrungswissen kann er in diesen Prozess einbringen. Dieses Planungsverfahren stärkt in der Regel die Stellung des Disponenten. Die retrograde Terminierung ermöglicht auch die Berücksichtigung variierender Kapazitäten und verschiedener Effizienzniveaus von Mitarbeitern.

2.8   Elemente des Toyota Produktionssystems

- *Problemstellung:* Erhöhung von Qualität und Effizienz der Produktionsprozesse
- *Zielgruppe:* Produktionsleiter, Technischer Geschäftsführer, Lieferantenentwickler
- *Voraussetzungen:* Bereitschaft zur Übertragung von Verantwortung an Mitarbeiter, hinreichende Mitarbeiterqualifikation und Unterstützung durch die oberste Führungsebene

Zielsetzung der Elemente des Toyota Produktionssystems

Das Toyota Produktionssystem vereint verschiedene Ansätze zur Führung einer industriellen Produktion mit dem vorrangigen Ziel, Verschwendung zu vermeiden.[106] Verschwendungsquellen wie Überproduktion, Wartezeiten, überflüssige Transporte, Herstellung fehlerhafter Teile, überhöhte Lagerhaltung, ineffiziente Bewegungsabläufe oder ungeeignete Herstellungsprozesse finden sich in vielen Produktionsbereichen.[107] Dabei soll die Produktion als wertschöpfender Bereich so agieren, dass Leistungen hoher Qualität und gemäß den Forderungen der Anwender erzeugt werden. Die Art der Güterproduktion wird so organisiert, dass man Verschwendungsquellen systematisch eliminieren kann. Auf diese Weise soll die Herausforderung der kostengünstigen Erzeugung qualitativ hochwertiger Güter gemeistert werden.[108] Das System

---

[106] Vergleiche Ohno (1993, S. 19).

[107] Vergleiche Becker (2006, S. 280 f).

[108] Vergleiche Oeltjenbruns (2000, S. 30 ff).

setzt dabei auf eine umfangreiche Einbindung der Produktionsmitarbeiter. Die Zielerreichung wird als Gemeinschaftsaufgabe verstanden, wobei Mitarbeiter, Kultur und Rahmenbedingungen so eingebunden, ausgerichtet und gestaltet werden, dass sich die gewünschten Effekte ergeben.

Beschreibung der Elemente des Toyota Produktionssystems

Das Toyota Produktionssystem wurde im vergangenen Jahrhundert erarbeitet und insbesondere nach 1945 durch Ohno und Shingo ausformuliert. Auslöser der Bemühungen war die schwierige wirtschaftliche Lage der japanischen Automobilindustrie. Die innerjapanische Nachfrage lag am Boden und die Verfügbarkeit wichtiger Produktionsfaktoren wie Kapital und Material war nicht in hinreichendem Maße gegeben. Insofern wollte man ein Gesamtsystem schaffen, das verschiedene Elemente zur wirksamen Hervorbringung von nachfragegerechten Gütern unter Erzeugung geringer Kosten kombiniert. Die Elemente des Toyota Produktionssystems sind – wie der ganzheitliche Ansatz zeigt – auf verschiedene Bereiche ausgerichtet. Die Begründer waren sich der Tatsache bewusst, dass nur breit angelegtes und abgestimmtes Handeln Wirksamkeit entfalten kann. Das Toyota Produktionssystem bildet keine geschlossene Theorie, sondern *bündelt verschiedene Konzepte*, die aber ein hohes Maß an Passfähigkeit aufweisen, sich zielgerichtet ergänzen und das Hinwirken auf das Gesamtziel Verschwendungsreduktion unterstützen. Im Folgenden werden die wesentlichen Elemente des Systems kurz beschrieben.

■ *Andon* ist eine Tafel, die über den Zustand des Systems informiert. Anzeigetafeln sind Teil des visuellen Managements und signalisieren allen in einem Fertigungsab-

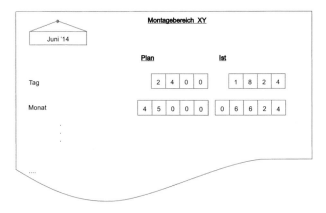

Abbildung 45: Beispiel einer Andon-Tafel

schnitt oder in einer Produktionslinie tätigen Mitarbeitern, dass beispielsweise eine Störung aufgetreten ist oder dass die Ist-Produktionsmenge von der Soll-Produktionsmenge abweicht, wie in Abbildung 45 verdeutlicht. Derartige Anzeigen folgen der Auffassung, dass informierte Mitarbeiter Probleme erkennen und durch Anpassung ihres Verhaltens reagieren können. Wird ihnen beispielsweise bewusst, dass die produzierte Güteranzahl deutlich hinter der avisierten Soll-Stückzahl zurückliegt, werden sie ihre Anstrengungen zur Erreichung der Soll-Stückzahl erhöhen. Wegen der unmittelbaren Sichtbarkeit wird die Zeitverzögerung durch die Vorgänge Erfassung der Situation, Meldung an das Management, Formulierung einer Anweisung und Kommunikation der Anweisung an die Mitarbeiter nahezu eliminiert. Dies setzt voraus, dass die Mitarbeiter motiviert sind, eigene Anstrengungen ohne direkte Anweisung zu unternehmen, und genügend Gestaltungsspielraum besitzen und über Handlungskompetenz verfügen. Die auf der Anzeigetafel sichtbaren Daten sollten nicht manuell erfasst, transformiert und eingespielt, sondern automatisiert aus dem Betriebsdatenerfassungs-, Produktionsplanungs- und Steuerungssystem gezogen und zeitnah übermittelt werden – wünschenswert wäre in Echtzeit.

▦ *Heijunka* beschreibt eine ausbalancierte Produktion. Darunter versteht man, dass die Gesamtproduktionsmenge einer längeren Periode in kleinere Lose – etwa Tageslose – aufgeteilt wird und dass man jeweils die Erzeugnisse erstellt, die man kurzfristig absetzen kann. Dieses Vorgehen führt zu einer bedarfsgerechten Produktion. Schwankende Nachfrage nach einzelnen Varianten findet angemessen Berücksichtigung. Ressourcen werden bestmöglich genutzt,[109] und es werden keine Lagerbestände produzierter Güter angehäuft, die erst mit erheblichem Zeitversatz verkauft werden können. Die Situation des Nichtofferierens absetzbarer Leistungen bei gleichzeitiger Produktion nicht absetzbarer Güter soll vermieden werden.

▦ *Just in time* bildet ein – in Kapitel 1.8 näher erläutertes – Konzept der bedarfsgerechten Versorgung der Produktion mit benötigten Materialien und Vorprodukten. Die erforderlichen Werkstoffe werden zu jenem Zeitpunkt geliefert, zu dem ihre Weiterverarbeitung in der Produktion ansteht. Dies verhindert das Anlegen umfassender Vormaterialbestände, die Lagerkapazität beanspruchen und Kapitalbindung erzeugen. Just-in-time-Konzepte bedingen sowohl eine enge Abstimmung mit Lieferanten und die Verfügbarkeit verlässlicher Partner für die Produktion der Vormaterialien als auch eine entsprechende Logistik.

---

[109] Eine hohe Kapazitätsauslastung führt typischerweise zur Steigerung der Profitabilität (vergleiche Becker 2006, S. 298 ff).

▨ *Kaizen* bezeichnet die kontinuierliche Verbesserung installierter Lösungen und ausgeführter Prozesse in der Produktion und in anderen Bereichen.[110] Mitarbeiter sollen ihre Arbeitsvorgänge reflektieren und beim Entdecken von ineffizienten Vorgehensweisen Verbesserungsmöglichkeiten erarbeiten und zur Anwendung bringen. Das Schaffen von Neuem wird hier nicht exklusiv den Mitgliedern aus den Forschungs-, Entwicklungs- und Planungsabteilungen zugewiesen. Vielmehr soll das Wissen, die Problemkenntnis und das Lösungsvermögen der Mitarbeiter vor Ort zur Erzeugung von Verbesserungen genutzt werden. Häufig entstehen dadurch keine radikalen Neuerungen, sondern inkrementelle Veränderungen. Die Summe der vielen kleinen Schritte kann einen erheblichen Verbesserungseffekt begründen.

▨ *Kanban* ist ein dem Zieh-Prinzip verschriebenes Konzept der Produktionssteuerung, das in Kapitel 2.5 erläutert wird. Kanban zielt darauf ab, innerhalb der Produktion die Auftragsreihenfolge verschiedener Bearbeitungsstationen an den Bedarfen ihrer Folgestation zu orientieren, um somit produktionsinterne Pufferlagerbestände als auch produktionsinterne Planungs- und Abstimmungsaufwände zu reduzieren. Als Mittel werden Kanban-Karten – heute auch in elektronischer Form – verwendet. Sie zeigen dem Bereitsteller weiterzuarbeitender Güter, welche spezielle Variante benötigt wird. Genau diese wird er in definierter Form und festgelegter Anzahl herstellen und dem Weiterverarbeiter zur Verfügung stellen. Eine zentrale Produktionsplanung und Produktionssteuerung finden auf dieser Detailebene nicht mehr statt.

---

[110] Vergleiche Bellmann & Haak (2007, S. 7) und Haak (2007, S. 201).

▦ Die *Mehrmaschinenbedienung* stellt darauf ab, Mitarbeiter-kapazität umfassend zu nutzen. Mehrere Maschinen werden durch einen Werker bedient. Dies erfordert, dass die Maschinentakte aufeinander abgestimmt sind und dass die räumliche Anordnung der Maschinen ihre Bedienung durch denselben Mitarbeiter ohne aufwändige Ortswechsel ermöglicht.

▦ *One-Piece-Flow* mahnt die Weitergabe einzelner Stücke an die weiteren Prozessschritte an.[111] Werden immer nur umfangreiche Losgrößen gefertigt und im Ganzen weitergereicht, so entstehen große Mengen an zwischengelagerten Teilen in der Produktion. Häufig kommt es in der Folge zu Prozessverzögerungen und teilweise auch zu unausgelasteten Produktionsmitteln an Folgebearbeitungsstationen, da diese auf das Material aus den Vorprozessen warten. Durch Einführung eines One-Piece-Flow-Ansatzes soll dies verhindert werden.

▦ *Single Minute Exchange of Die*, häufig mit SMED abgekürzt, soll Werkzeugwechselvorgänge beschleunigen. Das Rüsten von Produktionsanlagen kann viel Zeit beanspruchen und erheblichen Aufwand erzeugen. Wenn ein Produktionssystem darauf abzielt, bedarfsgerecht zu produzieren, dann kann dies häufiges Umrüsten erfordern. Das erscheint allerdings nur dann wirtschaftlich, wenn rasche Umrüstvorgänge möglich sind. In diesem Zusammenhang sind meist technische Lösungen gefragt wie automatische Werkzeugwechselsysteme oder Werkzeugrevolver. Sie beschleunigen das Umrüsten der Maschine oder Anlage mit dem benötigten Werkzeug. Single Minute Exchange of Die fordert,

---

[111] Vergleiche die Gegenüberstellung bei Becker (2006, S. 284).

den Umrüstvorgang im einstelligen Minutenbereich ausführen zu können.

▨ Das *5S-Konzept* verfolgt das Ziel, Ordnung und Sauberkeit an den Arbeitsplätzen in der Produktion und in anderen Bereichen zu begünstigen. Die fünf „S" sind die Anfangsbuchstaben der Worte Seiri, Seiton, Seiso, Seiketsu und Shitsuke.[112] Diese bilden Verhaltensgrundsätze und ermahnen Mitarbeiter, bestimmte auf Sauberkeit zielende Verrichtungen regelmäßig durchzuführen. Die Empfehlungen umfassen vor allem: *Aufräumen, Ordnen, Reinigung, Sauberkeit* und *Disziplin*. Diese Leitlinien vermitteln Eltern zwar schon ihren Kindern. Die Grundsätze scheinen aber in Unternehmen – möglicherweise aufgrund der hohen Spezialisierung – vielfach aus dem Blick einzelner Mitarbeiter zu geraten. Das Propagieren und Kontrollieren der 5S rücken diese Prinzipien wieder in den Mittelpunkt. Dadurch werden beispielsweise belegte Flächen wieder frei und für den Wertschöpfungsprozess nutzbar. Zudem zeigt sich in der Praxis, dass die Arbeitsleistungen der Mitarbeiter in einem aufgeräumten Umfeld höher sind. Die Fokussierung auf diese Prinzipien führt oft auch zu präventivem Handeln und lässt Unordnung und die damit einhergehende Verschwendung erst gar nicht entstehen.

Die beschriebenen Maßnahmen zielen alle darauf ab, Verschwendung im Unternehmen zu reduzieren. Sie unterstützen ein Vorgehen, das die zur Produktion eingesetzten Ressourcen, Maschinenkapazitäten, Materialien, Betriebsflächen oder Mitarbeiter möglichst optimal nutzt. Die Elemente müssen nicht zwangsläufig gemeinsam installiert werden. Der größte Effekt wird jedoch durch einen kombinierten Einsatz erzielt.

---

[112] Vergleiche Haak (2007, S. 206).

Anwendungsbereich und Anwendungsprozess

Der ursprüngliche Anwendungsbereich war die industrielle Serienproduktion. Dies ist insofern nicht verwunderlich, als Toyota zu jener Unternehmenskategorie zählt, welche die Serienproduktion populär gemacht hat. Es zeigte sich jedoch schnell, dass man viele der Elemente auch in anderen Bereichen, etwa jenen, die Unterstützungs- oder Steuerungsaufgaben wahrnehmen, anwenden kann. So dient das Toyota Produktionssystem einigen Unternehmen als grundlegende Philosophie zur Organisation und Abwicklung ihres Geschäftsbetriebes. Die Elemente werden für den spezifischen Einsatzbereich jeweils angepasst und entfalten dann auch dort ihre Wirkung.

Der Anwendungsprozess lässt sich im Fall der Elemente des Toyota Produktionssystems nur schwer in ein Phasenschema gliedern. Entscheidet sich ein Unternehmen, die Einführung des Toyota Produktionssystems zu prüfen, wird zuerst eine Untersuchung erforderlich sein, ob die Zielstellung des Unternehmens und die Ausrichtung der Elemente des Toyota Produktionssystems harmonieren. Ferner ist zu eruieren, welche Voraussetzungen man schaffen muss, um einen effizienten Einsatz sicherzustellen. So könnte es etwa sein, dass man das Produktionslayout verändern muss, da sonst eine Mehrmaschinenbedienung nicht möglich ist. Oder Lieferanten müssen neu gesucht oder bestehende qualifiziert werden, da diese mit Just-in-time-Belieferung noch nicht vertraut sind. Anpassungen des Produktionsplanungs- und Produktionssteuerungs- beziehungsweise des Enterprise Ressource Planning-Systems müssen gegebenenfalls vorgenommen werden, wenn die Kanban-Steuerung eingeführt werden soll. Mitarbeiter sind unter Umständen weiterzubilden, weil man ihnen mehr Verantwortung und ein breiteres Aufgabenfeld bis hin zur Erzeugung von Verbesserungen überträgt. Bereiche, in denen sie möglicherweise erst methodisches Wissen aufbauen müssen. Auch einzelne Investitionen können erforderlich sein, etwa von der Anzeigetafel bis zum automatischen Werkzeugwechselsystem, wenngleich die Elemente des Toyota Produktionssystems nicht primär die Realisierung umfangreicher Investitionen zur Voraussetzung haben. Vielmehr ist die dahinter stehende Grundidee der konsequenten Vermeidung von Verschwendung und der sachgerechten Nutzung vorhandener Ressourcen in die Organisation zu tragen und zu verankern. Sind diese Voraussetzungen geschaffen, kann die Umstellung auf das neue System erfolgen.[113] Gemäß dem Kaizen-Ansatz darf man in einem ersten Schritt nicht die Implementierung einer perfekten Lösung erwarten. Das Produktionssystem und die installierten Elemente können durch Erfahrungen, die man während ihrer Nutzung macht, modifiziert oder ergänzt werden. Auf diese Weise unterliegt auch das Toyota Produktionssystem selbst einer permanenten Anpassung.

Weiterführende Hinweise

Das Toyota Produktionssystem verdankt seine Popularität der Tatsache, dass man mit vergleichsweise einfachen Maßnahmen beträchtliche Erfolge erzielen kann. Überraschend waren der Paradigmenwechsel – etwa bei der konsequenten Orientierung auf das Zieh-Prinzip – und der abgestimmte Einsatz der Instrumente sowie die umfangreiche Einbindung der Produktionsmitarbeiter in die Steuerung des Produktionsbereiches und die Weiterentwicklung von Produktionsvorgängen. Trotz aller Erfolge vermag auch das Toyota Produktionssystem nicht alle

---

[113] Die Einführung von Einzelmaßnahmen führt zu geringeren Erfolgen als die Implementierung mehrerer aufeinander abgestimmter Elemente (vergleiche Syska 2006, S. 159).

Probleme in der Produktion zu lösen. Nicht in allen Bereichen entfaltet es die erhoffte Wirkung und dies nicht zuletzt, da die Gegebenheiten einen wirkungsvollen Methodeneinsatz erlauben müssen. Ohne das Vorhandensein einer Unternehmenskultur, die den Mitarbeitern entsprechende Mitwirkung einräumt, diese honoriert und befördert, fehlt die Triebfeder für den Erfolg des Konzeptes. Auch eine zu konsequente – in Form einer Ersatzreligion ausgeführte – Umsetzung des Toyota Produktionssystems kann zu Misserfolgen führen, da diese in der Praxis üblicherweise zur Abwehrhaltung der beteiligten Akteure führt.

Literaturverzeichnis

Adam, D. (1990). Produktionsdurchführungsplanung. In H. Jacob (Hrsg.), Industriebetriebslehre. Handbuch für Studium und Praxis (4. Aufl., S. 673–918). Wiesbaden: Gabler.

Adam, D. (1992). Fertigungssteuerung im Maschinebau auf der Basis Retrograder Terminierung. In K.W. Hansmann & A.W. Scheer (Hrsg.), Praxis und Theorie der Unternehmung. Produktion – Information – Planung. Herbert Jacob zum 65. Geburtstag (S. 13–38). Wiesbaden: Gabler.

Amann, M. & Essig, M. (2011). Der „Strategic Fit" bei Wettbewerbs- und Beschaffungsstrategien von Unternehmen. Marketing Review St. Gallen, 28 (4), 8–13.

Arndt, H. (2005). Supply Chain Management. Optimierung logistischer Prozesse (2. Aufl.). Wiesbaden: Gabler.

Arndt, H. (2008). Supply Chain Management. Optimierung logistischer Prozesse (4. Aufl.). Wiesbaden: Gabler.

Arnold, B. (2004). Strategische Lieferantenintegration. Ein Modell zur Entscheidungsunterstützung für die Automobilindustrie und den Maschinenbau. Wiesbaden: DUV.

Arnold, U. (1997). Beschaffungsmanagement (2. Aufl.). Stuttgart: Schäffer-Poeschel.

Bacher, A. (2004). Instrumente des Supply Chain Controlling. Theoretische Herleitung und Überprüfung der

Anwendbarkeit in der Unternehmenspraxis. Wiesbaden: DUV.

Becker, H. (2006). Phänomen Toyota. Erfolgsfaktor Ethik. Berlin: Springer.

Becker, T. (2005). Prozesse in Produktion und Supply Chain optimieren. Berlin: Springer.

Bellmann, K. & Haak, R. (2007). Japan. Über Märkte und Management in der mächtigsten Wirtschaftsregion Asiens. In K. Bellmann & R. Haak (Hrsg.), Der japanische Markt. Herausforderungen und Perspektiven für deutsche Unternehmen (S. 3–21). Wiesbaden: DUV.

Brunner, F.J. & Wagner, K.W. (2008). Taschenbuch Qualitätsmanagement. Leitfaden für Studium und Praxis (4. Aufl.). München: Hanser.

Corsten, H. (2004). Produktionswirtschaft (10. Aufl.). München: Oldenbourg.

DIN Deutsches Institut für Normung e.V. (1987). DIN 69910 Wertanalyse. Berlin: DIN.

Eichstädt, T. (2008). Einsatz von Auktionen im Beschaffungsmanagement. Erfahrungen aus der Einkaufspraxis und die Verbreitung auktionstheoretischer Konzepte. Wiesbaden: Gabler.

Emiliani, M.L. & Stec, D.J. (2002). Realizing Savings from Online Reverse Auctions. Supply Chain Management. An International Journal, 7 (1), 12–23.

Erlach, K. (2010). Wertstromdesign. Der Weg zur schlanken Fabrik (2. Aufl.). Berlin: Springer.

Essig, M. (2008). Beschaffungsportfolio. In P. Klaus & W. Krieger (Hrsg.), Gabler Lexikon Logistik. Management logistischer Netzwerke und Flüsse (4. Aufl., S. 64–66). Wiesbaden: Gabler.

Fandel, G. (1996). Produktion I. Produktions- und Kostentheorie (5. Aufl.). Berlin: Springer.

Fortmann, K.M. & Kallweit, A. (2000). Logistik. Stuttgart: Kohlhammer.

Freidank, C.C. (2001). Risikomanagement und Risiko-Controlling in Industrieunternehmen. In C.C. Freidank & E. Mayer (Hrsg.), Controlling-Konzepte. Neue Strategien und Werkzeuge für die Unternehmenspraxis (5. Aufl., S. 595–631). Wiesbaden: Gabler.

Friedl, B. (2013). Controlling (2. Aufl.). Konstanz: UVK.

Göpfert, I. & Braun, D. (2012). Stand und Zukunft des Supply Chain Managements in der Automobilindustrie. Ergebnisse einer empirischen Studie. In I. Göpfert, D. Braun & M. Schulz (Hrsg.), Automobillogistik. Stand und Zukunftstrends (S. 29–39). Wiesbaden: Springer Gabler.

Günther, H.O. & Tempelmeier, H. (2005). Produktion und Logistik (6. Aufl.). Berlin: Springer.

Haak, R. (2007). Toyota. Managementsystem des Wandels. In K. Bellmann & R. Haak (Hrsg.), Der japanische Markt. Herausforderungen und Perspektiven für deutsche Unternehmen (S. 195-211). Wiesbaden: DUV.

Haak, W. (1982). Produktion in Banken. Möglichkeiten eines Transfers industriebetrieblich-produktionswirtschaftlicher Erkenntnisse auf den Produktionsbereich von Bankbetrieben. Frankfurt am Main: Lang.

Hahn, D. & Kaufmann, L. (2003). Im Einkauf liegt der Gewinn. Entwicklungslinien und Managementinnovationen. In K. Matzler & D. Abfalter (Hrsg.), Werte schaffen. Perspektiven einer Stakeholder-orientierten Unternehmensführung (S. 253–282). Wiesbaden: Gabler.

Heß, G. (2008). Supply-Strategien in Einkauf und Beschaffung. Systematischer Ansatz und Praxisfälle. Wiesbaden: Gabler.

Hesse, U. (1990). Technologie-Controlling. Eine Konzeption zur Steuerung technologischer Innovationen. Frankfurt am Main: Lang.

Hickel, A. (2011). Opportunismus in Geschäftsbeziehungen. Eine empirische Untersuchung in der deutschen Automobilindustrie. Wiesbaden: Gabler.

Hug, W. (2001). Controlling der Lieferantenbeziehung. Plädoyer für ein potenzialorientiertes Controlling unternehmensübergreifender Geschäftsprozesse. Kostenrechnungspraxis. Zeitschrift für Controlling, Accounting & Systemanwendungen, 45 (5), 283–291.

Irle, C. (2011). Rationalität von Make-or-buy-Entscheidungen in der Produktion. Wiesbaden: Gabler.

Jap, S.D. (2002). Online reverse auctions. Issues, themes, and prospects for the future. Journal of the Academy of Marketing Science, 30 (4), 506–525.

Jünemann, R. (1989). Materialfluss und Logistik. Systemtechnische Grundlagen mit Praxisbeispielen. Berlin: Springer.

Kamiske, G.F. & Brauer, J.P. (2003). Qualitätsmanagement von A bis Z. Erläuterungen moderner Begriffe des Qualitätsmanagements (4. Aufl.). München: Hanser.

Kaufmann, L. (2001). Internationales Beschaffungsmanagement. Gestaltung strategischer Gesamtsysteme und Management einzelner Transaktionen. Wiesbaden: Gabler.

Kaufmann, L. & Germer, T. (2001). Controlling internationaler Supply Chains. Positionierung – Instrumente –

Perspektiven. In U. Arnold, R. Mayer & G. Urban (Hrsg.), Supply Chain Management. Unternehmensübergreifende Prozesse, Kollaboration, IT-Standards (S. 177–192). Bonn: Lemmens.

Kern, W. (1976). Die Produktionswirtschaft als Erkenntnisbereich der Betriebswirtschaftslehre. Zeitschrift für betriebswirtschaftliche Forschung, 28 (10), 756–767.

Kern, W. (1992). Industrielle Produktionswirtschaft (5. Aufl.). Stuttgart: Schäffer-Poeschel.

Keßler, S. & Uygun, Y. (2007). Ganzheitliche Produktionssysteme. Systematische Entscheidungsunterstützung beim Implementieren. Industrie Management. Zeitschrift für industrielle Geschäftsprozesse, 23 (3), 67–70.

Klaus, P. & Krieger, W. (Hrsg.). (2008). Gabler Lexikon Logistik. Management logistischer Netzwerke und Flüsse (4. Aufl.). Wiesbaden: Gabler.

Koch, S. (2012). Logistik. Eine Einführung in Ökonomie und Nachhaltigkeit. Berlin: Springer.

Kotzab, H. (1997). Neue Konzepte der Distributionslogistik von Handelsunternehmen. Wiesbaden: Gabler.

Kraljic, P. (1985). Versorgungsmanagement statt Einkauf. Harvard Manager, 1 (1), 6–14.

Kremic, T., Tukel, O.I. & Rom, W.O. (2006). Outsourcing decision support. A survey of benefits, risks, and decision factors. Supply Chain Management. An International Journal, 11 (6), 467–482.

Kuhl, M. (1999). Wettbewerbsvorteile durch kundenorientiertes Supply-Management. Wiesbaden: Gabler.

Kuhn, A. & Hellingrath, B. (2002). Supply-Chain-Management. Optimierte Zusammenarbeit in der Wertschöpfungskette. Berlin: Springer.

Large, R. (2009). Strategisches Beschaffungsmanagement. Eine praxisorientierte Einführung mit Fallstudien (4. Aufl.). Wiesbaden: Gabler.

Lenk, E. (1994). Zur Problematik der technischen Bewertung. München: Hanser.

Lödding, H. (2005). Verfahren der Fertigungssteuerung. Grundlagen, Beschreibung, Konfiguration. Berlin: Springer.

Melzer-Ridinger, R. (2007). Supply Chain Management. Prozess- und unternehmensübergreifendes Management von Qualität, Kosten und Liefertreue. München: Oldenbourg.

Mieke, C. (2006). Technologiefrühaufklärung in Netzwerken. Wiesbaden: Gabler.

Mieke, C. (2009). Innovationen aus Instandhaltungsbereichen. Ein Beitrag zur taktischen Produktionspotenzialgestaltung. Berlin: Logos.

Mieke, C. & Nagel, M. (2015). Methoden zum Innovationsmanagement. Konstanz: UVK.

Mikus, B. (1998). Make-or-buy-Entscheidungen in der Produktion. Führungsprozesse – Risikomanagement – Modellanalysen. Wiesbaden: Gabler.

Müller, H. (1999). Elektronische Märkte im Internet. In R. Bogaschewsky (Hrsg.), Elektronischer Einkauf. Erfolgspotentiale, Praxisanwendungen, Sicherheits- und Rechtsfragen (S. 211–230). Gernsbach: DBV.

Nagel, M. & Mieke, C. (2014a). BWL-Methoden. Handbuch für Studium und Praxis. Stuttgart: UTB.

Nagel, M. & Mieke, C. (2014b). Marketing- und Vertriebsmethoden. Konstanz: UVK.

Nagel, M. & Mieke, C. (2015). Strategiemethoden. Konstanz: UVK

Nebl, T. (2004). Produktionswirtschaft. (5. Aufl.). München: Oldenbourg.

Nyhuis, P., Wiendahl, H.P., Fiege, T. & Mühlenbruch, H. (2006). Materialbereitstellung in der Montage. In P. Lotter & H.P. Wiendahl (Hrsg.), Montage in der industriellen Produktion. Ein Handbuch für die Praxis (S. 323–351). Berlin: Springer.

Oeltjenbruns, H. (2000). Organisation der Produktion nach dem Vorbild Toyotas. Analyse, Vorteile und detaillierte Voraussetzungen sowie die Vorgehensweise zur erfolgreichen Einführung am Beispiel eines globalen Automobilkonzerns. Aachen: Shaker.

Ohno, T. (1993). Das Toyota-Produktionssystem. Frankfurt am Main: Campus.

Otto, A. (2002). Management und Controlling von Supply Chains. Ein Modell auf der Basis der Netzwerktheorie. Wiesbaden: DUV.

Picot, A., Dietl, H. & Franck, E. (2005). Organisation. Eine ökonomische Perspektive (4. Aufl.). Stuttgart: Schäffer-Poeschel.

Picot, A., Dietl, H., Franck, E., Fiedler, M. & Royer, S. (2012). Organisation. Theorie und Praxis aus ökonomischer Sicht (6. Aufl.). Stuttgart: Schäffer-Poeschel.

Porter, M.E. (2010). Wettbewerbsvorteile. Spitzenleistungen erreichen und behaupten. Frankfurt am Main: Campus.

Ramser, H.J. (1979). Eigenerstellung oder Fremdbezug von Leistungen. In W. Kern (Hrsg.), Handwörterbuch der Produktionswirtschaft (Sp. 435–450). Stuttgart: Schäffer-Poeschel.

Rother, M. (2004). Sehen lernen. Mit Wertstromdesign die Wertschöpfung erhöhen und Verschwendung beseitigen. Aachen: LMI.

Scheuing, E.E. (1989). Purchasing Management. Englewood Cliffs: Prentice Hall.

Schröder, H.H. (1994). Wertanalyse als Instrument optimierender Produktgestaltung. In H. Corsten (Hrsg.), Handbuch Produktionsmanagement. Strategie, Führung, Technologie, Schnittstellen (S. 151–169). Wiesbaden: Gabler.

Schulte, C. (2009). Logistik. Wege zur Optimierung der Supply Chain (5. Aufl.). München: Vahlen.

Specht, D., Lutz, M. & Mieke, C. (2005). Schwachstellenanalyse als Innovationsinstrument. Anwendung in Unternehmen und Netzwerken. In M.A. Weissenberger-Eibl (Hrsg.), Gestaltung von Innovationssystemen. Konzepte, Instrumente und Erfolgsmuster (S. 269–288). Kassel: Cactus.

Specht, D. & Mieke, C. (2005a). Die Wertanalyse. WISU. Das Wirtschaftsstudium, (2), 182–185.

Specht, D. & Mieke, C. (2005b). Innovationstreiber Wissensmanagement. Ein Ansatz für das Total-Productive-Maintenance. Wissensmanagement, (5), 30–32.

Specht, D., Mieke, C. & Lutz, M. (2004). Schwachstellenanalytik als Innovationsquelle für Produktionstechnologien. Zeitschrift für wirtschaftlichen Fabrikbetrieb, (11), 614–618.

Stephan, K. & Boysen, N. (2011). Cross Docking. Journal of Management Control, 22 (1), 129–137.

Syska, A. (2006). Produktionsmanagement. Das A-Z wichtiger Methoden und Konzepte für die Produktion von heute. Wiesbaden: Gabler.

Vahrenkamp, R. (2008). Produktionsmanagement (6. Aufl.). München: Oldenbourg.

Wagner, S.M. (2003). Management der Lieferantenbasis. In R. Boutellier, S.M. Wagner & H.P. Wehrli (Hrsg.), Handbuch Beschaffung. Strategien, Methoden, Umsetzung (S. 691–731). München: Hanser.

Wannenwetsch, H. (2010). Integrierte Materialwirtschaft und Logistik. Beschaffung, Logistik, Materialwirtschaft und Produktion (4. Aufl.). Berlin: Springer.

Werdich, M. (2012). FMEA. Einführung und Moderation (2. Aufl.). Wiesbaden: Gabler.

Werner, H. (2013). Supply Chain Management. Grundlagen, Strategien, Instrumente und Controlling (5. Aufl.). Wiesbaden: Springer Gabler.

Wiendahl, H.P., Brückner, S. & Lorenz, B. (1999). Schwachstellenanalyse an hochautomatisierten Anlagen. Der Mensch ist nicht ersetzbar. Industrie Management. Zeitschrift für industrielle Geschäftsprozesse, (2), 22–25.

Wildemann, H. (1984). Flexible Werkstattsteuerung durch Integration von Kanban-Prinzipien. München: CW.

Wildemann, H. (2006). In- und Outsourcingstrategien in der Automobil- und -zuliefererindustrie. In F. Wojda & A. Berth (Hrsg.), Innovative Kooperationsnetzwerke (S. 233–246). Wiesbaden: Gabler.

Wildemann, H. (2008). IT als Befähiger in der Produktion. In F. Himpel, B. Kaluza & J. Wittmann (Hrsg.), Spektrum des Produktions- und Innovationsmanagements. Komplexität und Dynamik im Kontext von Interdependenz und Kooperation. Festgabe für Klaus Bellmann zum 65. Geburtstag (S. 17–32). Wiesbaden: Gabler.

Wittig, A. (2005). Management von Unternehmensnetz-
    werken. Eine Analyse der Steuerung und Koordination
    von Logistiknetzwerken. Wiesbaden: Gabler.

Zillig, U. (2001). Integratives Logistikmanagement in Un-
    ternehmensnetzwerken. Gestaltung interorganisatori-
    scher Logistiksysteme für die Zulieferindustrie. Wies-
    baden: Gabler.

Stichwortverzeichnis

360°-
Überblick

Die Bücher gibt es zu den Themen:

· Bankwirtschaft
· Betriebswirtschaft
· Controlling
· Finanzierung
· Finanzmarkt
· Management
· Marketing
· Personalmanagement
· Rechnungswesen
· Unternehmensbewertung
· Volkswirtschaft
· Wirtschaftspolitik
· Wirtschaftswissenschaften

Die kompakten Bücher der 360°-Reihe geben einen Überblick über die wichtigsten Grundbegriffe des jeweiligen Fachbereichs. Der Autor legt besonderen Wert darauf, dass die 360 Begriffe kurz und knapp erklärt werden. Das handliche Format erleichtert ein unbeschwertes Lernen.

www.uvk.de